BABBIE MASON

Weil ich weiß, wer ich bin!

30 Wahrheiten Gottes für mein Leben

Aus dem Amerikanischen
von Evelyn Schneider

SCM

Stiftung Christliche Medien

SCM Hänssler ist ein Imprint der SCM Verlagsgruppe,
die zur Stiftung Christliche Medien gehört, einer gemeinnützigen
Stiftung, die sich für die Förderung und Verbreitung christlicher
Bücher, Zeitschriften, Filme und Musik einsetzt.

© der deutschen Ausgabe 2018
SCM Hänssler in der SCM Verlagsgruppe GmbH
Max-Eyth-Straße 41 · 71088 Holzgerlingen
Internet: www.scm-haenssler.de; E-Mail: info@scm-haenssler.de

Originally published in English under the title:
I Am a Daughter of the Most High King
30 Daylie Declarations for Women
Copyright © Abingdon Press. All rights reserved.

Die Bibelverse sind folgender Ausgabe entnommen:
Neues Leben. Die Bibel, © der deutschen Ausgabe 2002 und 2006
SCM-Verlag GmbH & Co. KG, Witten.

Gesamtgestaltung: Kathrin Spiegelberg, Weil im Schönbuch
Druck und Bindung: Finidr s.r.o.
Gedruckt in Tschechien
ISBN 978-3-7751-5833-6
Bestell-Nr. 395.833

Im Gedenken
an meine geliebte Mutter

Georgia Mae Stephen-Wade

4. Oktober 1923 – 27. August 2015

Inhalt

Einleitung 7

**Mein Bekenntnis:
Ich bin die Tochter des Höchsten** 11

Meine Identität: Wer ich in Jesus bin 15
TAG 1   Die Tochter des Königs........................... 17
TAG 2   Tief geliebt 21
TAG 3   Nur durch Jesus 25
TAG 4   Du gehörst dazu 29
TAG 5   Angenommen und akzeptiert 35
TAG 6   Ich, eine Botschafterin Gottes............. 39
TAG 7   Bei Gott Mut finden.............................. 45

Meine Gewissheit: Was ich in Jesus habe.......... 49
TAG 8   Für Gott einstehen 51
TAG 9   Ein ganz neuer Anfang 57
TAG 10 Ein sinnerfülltes Leben 61
TAG 11 Sei ein Segen 65
TAG 12 Glauben statt fühlen 69
TAG 13 Kopf hoch und weitermachen.............. 75
TAG 14 Jetzt bist du gefragt............................. 79

Meine Autorität: Wozu Jesus mich befähigt...... 83

TAG 15 Unterbrechungen 85
TAG 16 Den Blick auf Jesus gerichtet............... 91
TAG 17 Meiner Familie zuliebe 95
TAG 18 Erfolgreich im Sinne Gottes................. 99
TAG 19 Im Hier und Jetzt mit Blick
        auf die Ewigkeit 105
TAG 20 Keine Ausreden....................................109
TAG 21 Gott will dich gebrauchen 115

Meine Möglichkeiten:
Wie ich meinen Alltag mit Jesus gestalte 119

TAG 22 Beschenkt mit Gottes Liebe 121
TAG 23 Immer weitergehen.............................125
TAG 24 Ein neues Denken 129
TAG 25 Auf Jesus vertrauen 133
TAG 26 Leben, und zwar hier und jetzt 139
TAG 27 Halte an deiner Hoffnung fest............143
TAG 28 Gott kennt dich 147
TAG 29 Die passende Kleidung 151
TAG 30 Flatternde Farben 155

Anmerkungen 159

Einleitung

Seit über dreißig Jahren ermutige ich Frauen auf Konzerten, spreche als Rednerin auf Veranstaltungen und bringe ihnen in meinen Seminaren die Bibel näher. Wenn ich unterwegs bin, genieße ich es, auf die unterschiedlichsten Frauen zu treffen. Und dennoch stelle ich fest, dass uns mehr verbindet als trennt: Uns allen tut es gut, ab und zu ausgiebig zu lachen. Wir genießen die Umarmungen von unseren Freundinnen. Wir brauchen jemanden, der uns hört, versteht und liebt. Und wir alle brauchen Ermutigung im Glauben! Bestimmt kannst du dich auch damit identifizieren.

Am liebsten verbringe ich meine Zeit mit meiner Familie, doch gleich danach kommt ihr: Nichts ist schöner als ein Raum voller Frauen, die sich gegenseitig ermutigen und erzählen, was sie mit Gott erlebt haben! Das ist auch der Grund, warum ich dieses Buch geschrieben habe. Jede einzelne Seite soll ein Mutmacher, ein aufbauender Hoffnungsschimmer, eine Bestätigung sein, die dir dabei hilft, deine Identität als geliebte Tochter Gottes besser zu verstehen. Ich bete dafür, dass du beim Lesen merkst, wie Gott zu dir spricht, und dass er dich daran erinnert, wie sehr er dich liebt. Er hat einen Plan für dich, und zwar einen richtig guten. Du hast einen festen Platz in seiner Familie. Weil Jesus für dich eintritt, steht dieser Platz dir zu.

Im Laufe der nächsten dreißig Tage lernst du mehr über die wirklich ehrenvolle Beziehung zum König deines Herzens und bekommst nach und nach ein tieferes Verständnis für seine Liebe zu dir. Du befasst dich mit dem, was er dir in der Bibel – seinem Liebesbrief an dich – sagt. Und du wirst herausgefordert, das, was du hörst, auch in die Praxis umzusetzen, um mit Jesu Hilfe zu der Frau heranzureifen, die Gott schon in dir sieht.

Und jetzt geht es los!

Such dir einen ruhigen Ort, an dem du in den nächsten dreißig Tagen immer ein Kapitel lesen kannst. Am Anfang jedes Tages steht ein Satz aus dem Bekenntnis – einer Zusammenstellung von Glaubenssätzen, die ich verfasst habe. Danach folgt immer eine Bibelstelle. Die enthält entweder ein wunderbares Versprechen oder auch die Herausforderung, selbst aktiv zu werden. Jeder

Tag endet mit einem Entschluss. Lies diesen Teil am besten laut und mit offenem Herzen, aufgeschlossenen Gedanken und bereitwilligen Händen. Dazu gehört auch ein Gebet, das dich auf dein persönliches Gespräch mit Gott einstimmen kann. Bete also danach gerne noch in deinen eigenen Worten. Und weil das Reden mit Gott niemals eine Einbahnstraße ist, empfehle ich dir, immer ein Gebetstagebuch bereitzuhaben: Schreib auf, was Gott dir zusagt und aufs Herz legt.

Ob du die Andachten nun morgens gleich als Erstes liest oder abends als Letztes – das bleibt dir überlassen. Aber ich hoffe, dass dieses Buch dir dabei hilft, regelmäßig persönliche Zeit mit Gott im Alltag zu verbringen. Ich bete dafür, dass diese lohnende Zeit mit deinem himmlischen Vater die wichtigste des Tages für dich wird und sie dich zu einer noch innigeren und lebendigeren Beziehung mit ihm führt. Ich wünsche dir, dass du seine Gegenwart erleben und genießen kannst.

Leb dein Leben als königliche Tochter des allmächtigen Vaters!

Babbie Mason

Mein Bekenntnis:

Ich bin die Tochter des Höchsten

1. Ich bin die Tochter des Allerhöchsten.

2. Ich bin von Herzen geliebt, begünstigt und reich gesegnet.

3. Meine Identität bekomme ich von Jesus.

4. Ich weiß, wer ich bin und zu wem ich gehöre.

5. Ich bin Teil der göttlichen Familie und rechtmäßige Erbin Christi.

6. Ich habe mich entschieden, Jesus von ganzem Herzen zu folgen.

7. Aussteigen, umdrehen, ausfallen, durchhängen oder aufgeben sind keine Optionen mehr.

8. Ich werde keine Glaubenskompromisse eingehen, meine Überzeugungen nicht verraten und bei Widrigkeiten nicht einknicken.

9. Meine Vergangenheit ist vergeben.

10. Auch mein Leiden hat einen Sinn.

11. Das Beste kommt erst noch.

12. Ich lebe im Glauben und verlasse mich nicht auf das, was ich sehe.

13. Mein Entschluss steht fest und ich schaue nach vorne.

14. Ich werde nicht wie die Welt denken, reden, handeln oder leben.

15. Ich lasse mich nicht aus der Ruhe bringen.

16. Ich werde nicht wanken.

17. Ich werde nicht nachgeben.

18. Ich gehöre zu Jesus und richte meinen Blick auf das, was ihm wichtig ist.

19. Die Erde ist meine Mission, der Himmel mein Ziel.

20. Ich erkläre: Alles ist mir möglich durch Christus, der mir die Kraft gibt, die ich brauche (Philipper 4,13).

21. Alles ist möglich. Wenn Gott für mich ist, wer kann dann gegen mich sein?

22. Mein Glaube ist fest in der Liebe verwurzelt.

23. Nichts, was ich jemals getan habe oder tun könnte, wird Gottes Kraft in mir vermindern können.

24. In allen Dingen orientiere ich mich an Jesus. Ich wäge gut ab und treffe vernünftige Entscheidungen.

25. Ich vertraue auf Gott, egal, was kommt.

26. Nichts auf dieser Welt kann mich von
    Gottes Liebe trennen.

27. Ich warte gebannt darauf, dass Jesus wiederkommt.

28. An jenem großen Tag wird er mich bei meinem
    Namen rufen.

29. Mit lauter Stimme singe ich: »Halleluja!
    Gepriesen sei der Herr, heute, gestern
    und für immer.«

30. Sein Banner der Liebe hängt über mir.

Meine Identität:

Wer ich in Jesus bin

TAG 1
Die Tochter des Königs

Ich bin die Tochter des Allerhöchsten.

Du bist würdig, unser Herr und Gott, Herrlichkeit und Ehre und Macht entgegenzunehmen. Denn du hast alle Dinge geschaffen; weil du es wolltest, sind sie da und wurden sie geschaffen.

Offenbarung 4,11

Weißt du, warum du erschaffen wurdest? Gott hat dich nicht gemacht, um erfolgreich zu sein oder um dir selbst einen Namen zu machen. Der Vers aus Offenbarung 4,11 zeigt uns, dass wir geschaffen wurden, um Gott zu verherrlichen, in Beziehung zu ihm zu leben und ihm Freude zu bringen. Deine Beziehung zu Gott ist es, die dir Wert und Bedeutung verleiht. Wenn du herausfindest, dass Gott dich liebt und einen Plan für dein Leben hat, bekommst du eine Ahnung davon, wie wertvoll du in Wahrheit bist.

Du bist aus einem bestimmten Grund und ohne Zweifel absichtlich auf dieser Welt! Du bist kein Zufall und auch kein Fehler. Du bist für Gott keine Last. Du nervst oder störst ihn auch nicht. Er bereut es nicht, dich geschaffen zu haben. Für manche magst du vielleicht eine Überraschung gewesen sein, aber nicht für Gott. In Psalm 139,16 steht: »Du hast mich gesehen, bevor ich geboren war. Jeder Tag meines Lebens war in deinem Buch geschrieben. Jeder Augenblick stand fest, noch bevor der erste Tag begann.« In dem Moment, in dem du erkennst, dass dein eigentlicher Sinn die Verherrlichung Gottes ist, beginnt das wahre Leben – das Leben, das Gott für dich geplant hat.

Du kannst gleich heute damit aufhören, dich mit weniger als mit deinem vollen Potential zufriedenzugeben. Dafür musst du auch nichts weiter *tun*. Jesus hat bereits alles getan, damit du vollkommen *sein* kannst. Deshalb versuch nicht länger die Anerkennung anderer zu bekommen. Durch Jesus ist dein Lebensziel festgelegt. Du bist längst ein anerkanntes Kind Gottes, eine Tochter unseres himmlischen Vaters! Woher ich das weiß? Hier steht es: »Seht, wie viel Liebe unser himmlischer Vater für uns hat, denn er erlaubt, dass wir seine Kinder genannt werden – und das sind wir auch« (1. Johannes 3,1a). Genau das bist du – du bist wirklich eine Tochter unseres himmlischen Vaters!

Mein Entschluss

Heute beende ich meine Anstrengungen, mehr tun und sein zu wollen. Stattdessen finde ich Ruhe in dem, was Jesus bereits für mich getan hat. Ich freue mich an der Wahrheit, dass Gott mich gemacht hat, um ihm Ehre zu bringen. Er ist mein König und das macht mich zu einem Teil seiner Königsfamilie.

Himmlischer Vater, ich danke dir, dass du mich gemacht und meinem Leben einen Sinn gegeben hast. Bitte vergib mir, dass ich meine Bedeutung so häufig von unwesentlichen Dingen abhängig mache. Hilf mir stattdessen zu sehen, was du dir für mich gedacht hast, und darin meinen Wert zu erkennen. Ab heute werde ich nicht länger versuchen, mir das zu erarbeiten, was Jesus mir durch seinen Tod schenken möchte. Lieber freue ich mich an meiner Beziehung zu dir. In Jesu Namen, Amen.

TAG 2
Tief geliebt

Ich bin von Herzen geliebt, begünstigt und reich gesegnet.

Denn Gott hat die Welt so sehr geliebt, dass er seinen einzigen Sohn hingab, damit jeder, der an ihn glaubt, nicht verloren geht, sondern das ewige Leben hat.

Johannes 3,16

Hast du jemals darüber nachgedacht, wie sehr Gott dich liebt? Gott hat nicht nur die Welt so sehr geliebt, sondern auch dich. So leidenschaftlich, dass er seinen wertvollsten Schatz, das Leben seines eigenen Sohnes, für dich aufgegeben hat.

Johannes 3,16 ist ein Vers, der von den meisten Christen auswendig gelernt wird. Viele kennen ihn schon seit ihrer Kindheit. Doch gerade wegen seiner Bekanntheit hat der Vers für manche an Aussagekraft verloren. Dadurch ist er aber nicht weniger wahr! Lies ihn noch einmal Wort für Wort: »Denn Gott hat die Welt so sehr geliebt, dass er seinen einzigen Sohn hingab [...]« Es ist verrückt, aber Gott liebt dich genau so sehr wie seinen einzigen Sohn, Jesus Christus. Gott liebt dich, als wärst du die Einzige, auf die all seine Liebe ausgerichtet ist. Und diese Liebe ist nicht zu vergleichen mit dem, was wir in unserer heutigen Gesellschaft unter Liebe verstehen. Gottes Liebe ist bedingungslos, aufopferungsvoll und vollkommen. So sehr liebt dich Gott. Das deutsche Wort »sehr« wird im Duden mit der Umschreibung »in hohem Maße« definiert und der Partikel »so« zeigt genau an, in welchem Maß.[1] Jesus hat bei seiner Kreuzigung gezeigt, wie weit seine Liebe reicht: Seine Arme waren am Kreuz weit ausgebreitet und sagten der Welt: »Ich liebe dich so sehr.«

Weil Gott dich unendlich liebt, lächelt er, wenn er an dich denkt. Er möchte dir seine Güte beweisen. Er freut sich daran, dir Gutes zu tun und dich zu segnen. Diese unermessliche Güte bezeichnet man auch als Gnade.

Aus Gottes Gnade zu leben, bedeutet, die Gewissheit zu haben, dass er immer bei dir ist und das Beste für dich bereithält. Die angemessene Reaktion auf dieses unverdiente Geschenk wäre es, ein Leben zu führen, das Gott gefällt. Sprüche 8,35 erklärt: »Wer mich findet, der findet das Leben und gewinnt die Anerkennung des Herrn.«

Lies nun noch einmal Johannes 3,16 und ersetze dabei das Wort »jeder« und alle anderen Pronomen durch deinen Namen. Erinnere dich selbst daran, dass Gott dir tiefe Liebe, große Gnade und reichen Segen schenkt. Halte diese Verheißungen niemals für selbstverständlich, sondern lass dich von ihnen näher an Gottes Herz ziehen.

Mein Entschluss

Gottes Versprechen, dass er mich unendlich liebt, als wäre ich die Einzige auf der Welt, gibt mir Zuversicht. Mein höchstes Ziel ist es deshalb, eine innige Beziehung zu Jesus, meinem Erretter, aufzubauen.

Lieber Vater, deine tiefe Liebe überwältigt mich. Danke, dass du dich so sehr um mich kümmerst. Hilf mir, diese mächtige Wahrheit niemals für selbstverständlich zu halten. In Jesu Namen, Amen.

Es ist VERRÜCKT, *aber* GOTT LIEBT DICH *so sehr* WIE *seinen einzigen Sohn,* JESUS CHRISTUS.

TAG 3

Nur durch Jesus

Meine Identität bekomme ich von Jesus.

Denn ihr seid ein auserwähltes Volk. Ihr seid eine königliche Priesterschaft, Gottes heiliges Volk, sein persönliches Eigentum. So seid ihr ein lebendiges Beispiel für die Güte Gottes, denn er hat euch aus der Finsternis in sein wunderbares Licht gerufen.

1. Petrus 2,9

Ist dir bewusst, dass deine Identität nicht davon abhängt, was du tust, in welcher Beziehung du zu anderen Menschen stehst oder was andere über dich sagen? Deine wahre Identität wird allein von dem bestimmt, was Gott über dich sagt. Aber um das Leben leben zu können, das Gott für dich bereithält, musst du von ganzem Herzen an das glauben, was Gott in seinem Wort über dich sagt. Denn Gottes Meinung ist die einzige, die zählt. Gott hat dich erschaffen. Er sieht, wer du wirklich bist, und möchte, dass auch du dich mit seinen Augen siehst.

Unser himmlischer Vater liebt uns zutiefst. Und es bricht ihm das Herz, wenn seine Kinder an den falschen Stellen nach Liebe suchen oder seiner Liebe aus dem Weg gehen. Es macht ihn traurig, wenn wir daran zweifeln, dass er uns liebt oder uns segnen will. Wenn du so denkst, entspricht das nicht dem, was er sagt.

Jedes Mal, wenn du heute in einen Spiegel schaust, erinner dich daran, dass du auserwählt, königlich, heilig und etwas Besonderes bist. Weil du zu Gott gehörst, bist du wertvoll. Lies noch einmal den Vers aus 1. Petrus 2,9. Dort steht, dass du auserwählt bist. Das bedeutet, du bist von Gott sorgfältig ausgesucht. Du bist königlich, denn dein Vater ist der König! Du bist eine Priesterin, die – genau wie die Priester damals – noch heute vor Gott treten und für andere bitten. Hier auf Erden bist du Gottes Repräsentantin. Du bist heilig und berufen – und damit von unschätzbarem Wert.

Gott hat dich für immer zu einem Teil seiner Familie gemacht. Noch bevor er entschieden hatte, die Welt zu entwerfen, hatte er dich erwählt. Das wissen wir aus Epheser 1,4: »Schon vor Erschaffung der Welt hat Gott uns aus Liebe dazu bestimmt, vor ihm heilig zu sein und befreit von Schuld.« Du bist kostbar, weil du zu Gott gehörst.

Mein Entschluss

Heute stimme ich Gottes Wort völlig zu. Unabhängig davon, was andere zu mir oder über mich sagen – meine Identität spricht allein Jesus mir zu. Ich bin auserwählt, heilig und berufen. Ich bin wertvoll, weil ich ein Kind Gottes bin.

Himmlischer Vater, hab herzlichen Dank für die Verheißungen der Bibel. Dein Wort verändert alles, auch mich! Manche haben mich mit dem, was sie über mich gesagt haben, schon in meiner Kindheit verletzt. Aber ich bin sicher, dass du mein Herz heilen willst, und habe nun verstanden: Mein Wert hängt nur von dir ab. Ich glaube, was du über mich sagst – und das ist das, was zählt! In Jesu Namen, Amen.

TAG 4
Du gehörst dazu

Ich weiß, wer ich bin
und zu wem ich gehöre.

Ich bin ganz sicher, dass Gott, der sein gutes Werk in euch angefangen hat, damit weitermachen und es vollenden wird bis zu dem Tag, an dem Christus Jesus wiederkommt.
Philipper 1,6

Was du tust, definiert nicht, wer du bist. Ich bin Sängerin und Texterin aus Leidenschaft. Doch selbst wenn ich nie wieder eine Note singen oder ein Lied schreiben würde, wäre ich immer noch eine vollständige, von Gott geliebte Person. Solange du aber zulässt, dass dich dein Tun definiert, wirst du immer das Gefühl haben, im Wettkampf mit anderen zu stehen. Das führt nur zu Druck und Enttäuschungen.

Das, was andere über dich sagen, bestimmt nicht, wer du bist. Wenn du zulässt, dass ihre Worte dein Leben bestimmen, misst du anderen Meinungen zu viel Bedeutung bei und bist versucht, es jedermann recht zu machen. An dem Punkt war ich auch schon. Doch nichts von alledem kann deine wahre Identität definieren. Dieses Privileg hat nur Gott.

Philipper 1,6 beginnt mit einer Gewissheit: *Ich bin ganz sicher.* Dieser Ausspruch zeigt uns, dass wir die Gewissheit haben dürfen, dass Gott sein Werk an uns vollenden wird. Er perfektioniert Tag für Tag, was er schon lange vor deiner Geburt begonnen hat. Lass dir also weder von unbeständigen Gefühlen noch von sprunghaften Menschen sagen, wie du zu leben hast. Halt dich stattdessen allein an das, was Gott in der Bibel sagt.

Der Feind deiner Seele möchte nicht, dass du deine wahre Identität erkennst. Er hat nur eine Mission: deine Freude stehlen, deine Träume vernichten und deine Hoffnungen zerstören (Johannes 10,10). Biete ihm die

Stirn und mach deutlich, dass er dir nichts zu sagen hat. Du gehörst zu Gott.

Nutze Gottes Wort so, dass du deine Identität zurückeroberst. Leb ein Leben, wie Gottes Verheißungen es versprechen. Entscheide dich dafür, Gott dabei nicht im Weg zu stehen, das Werk zu vollenden, das er in deinem Leben bereits begonnen hat.

Mein Entschluss

Ich freue mich darüber, wer ich bin und zu wem ich gehöre. Ich lebe nach Gottes Plan, ohne Ausreden. Denn ich gehöre zu ihm und bin gewiss, dass er sein Werk an mir vollenden wird. Ich achte nur noch auf das, was Gott sagt, und erkenne dadurch, wer ich wirklich bin.

Himmlischer Vater, bitte vergib mir, dass ich zugelassen habe, dass andere definieren, wer ich bin. Damit ist jetzt Schluss. Danke Herr, dass dein Wort ein schützender Schild ist, hinter dem mein Herz und meine Gedanken Zuflucht vor feindlichen Angriffen finden. Von nun an schaue ich nur noch auf dich und will dem Bild, das du von mir hast, immer ähnlicher werden. In Jesu Namen, Amen.

JESUS
ist für dich gestorben.
Deshalb hast du
ALLE RECHTE
UND PRIVILEGIEN,
die Jesus als
GOTTES SOHN
auch hatte.

TAG 5

Angenommen und akzeptiert

Ich bin Teil der göttlichen Familie und eine rechtmäßige Erbin Christi.

Schon bevor Gott die Welt erschuf, hat er uns aus Liebe dazu bestimmt, vor ihm heilig zu sein und befreit von Schuld. Von Anfang an war es sein unveränderlicher Plan, uns durch Jesus Christus als seine Kinder aufzunehmen, und an diesem Beschluss hatte er viel Freude. Deshalb loben wir Gott für die herrliche Gnade, mit der er uns durch den geliebten Sohn so reich beschenkt hat.

Epheser 1, 4-6

Wusstest du eigentlich, dass du adoptiert bist? Du bist eine Tochter Gottes und damit in seine Familie aufgenommen. Und du bist nicht nur adoptiert, sondern auch akzeptiert und durch Jesus Christus vor Gott anerkannt. Weil Gott dich unendlich liebt. Und mehr noch: Für Gott bist du mehr als ausreichend, du bist ihm sogar ein Genuss. Du machst ihm Freude. Weil Jesus genug ist, bist du auch genug. Er ist für dich gestorben, sodass alle Rechte und Privilegien, die Jesus als Gottes Sohn hatte, auch für dich gelten. Du bist eine Tochter des Allerhöchsten, eine rechtmäßige Erbin seines Segens und hast Anteil am Königreich deines himmlischen Vaters.

Quäle dich nicht länger mit der Scham und Schuld deiner Vergangenheit. Wenn Gott die Vergangenheit so wichtig wäre, würde sein Name »Ich war« lauten. Zerbrich dir nicht den Kopf über den morgigen Tag und all die noch unbeantworteten Fragen. Wenn Gottes Hauptanliegen die Zukunft wäre, würde er »Ich werde sein« heißen. Tauch stattdessen in die Verheißungen der Gegenwart ein, lebe den Moment! »Dies ist der Tag, den der Herr gemacht hat« (Psalm 118,24a). Deshalb ist Gottes Name auch »Ich bin«. Freu dich und sei im Hier und Jetzt glücklich darüber, dass du ein akzeptiertes Kind Gottes bist!

Mein Entschluss

Heute möchte ich bewusst in dem Versprechen leben, dass ich vor Gott gerecht bin. Ich schaue dem Kreuz zugewandt auf meine Vergangenheit und sehe im Hinblick auf die Auferstehung in meine Zukunft. Durch Gottes Gnade lebe ich in der Gegenwart, durch Jesus habe ich ein himmlisches Zuhause.

Lieber Vater, endlich weiß ich, wo ich hingehöre! Diese Frage hat mich schon lange beschäftigt. Ich habe versucht, in verschiedene Gruppen und unterschiedliche Kreise hineinzufinden und mich anzupassen. Aber es ist nicht deine Absicht, dass ich mir Anerkennung erarbeite. Jetzt, wo ich einen Platz in deiner Familie gefunden habe, findet mein Herz Ruhe. Denn du liebst mich so, wie ich bin, und mit deiner Hilfe werde ich zu einer Frau nach deinem Herzen heranwachsen. In Jesu Namen, Amen.

TAG 6

Ich, eine Botschafterin Gottes

**Ich habe mich entschieden,
Jesus von ganzem Herzen zu folgen.**

So sind wir Botschafter Christi, und Gott gebraucht uns, um durch uns zu sprechen. Wir bitten inständig, so, als würde Christus es persönlich tun: »Lasst euch mit Gott versöhnen!«
2. Korinther 5,20

Denkst du auch manchmal: »Mein Leben ist nicht bedeutend. Was kann eine einzelne Person denn schon bewirken?« Aber erinnere dich an all die einzelnen Gläubigen, die den Lauf der Geschichte verändert haben – angefangen bei den großen Glaubenshelden aus Hebräer 11, bis hin zu den vielen unbekannt gebliebenen Menschen, über deren Glaubensgeschichten wir leider nirgendwo etwas lesen können.

Erst kürzlich habe ich wieder gehört, wie jemand sagte: »Die Welt steckt in großen Schwierigkeiten. Man muss endlich etwas unternehmen.« Aber Gott hat bereits etwas unternommen: Er hat dich erschaffen! Völlig unwichtig, wie groß oder klein dein Beitrag ist; Gott erkennt ihn als deinen Einsatz an, der einen ewigen Unterschied bewirken kann.

Es gibt ein Sprichwort, das für gewöhnlich Mutter Teresa zugeschrieben wird: »Es gibt viele Leute, die die großen Dinge tun können. Aber es gibt sehr wenig Leute, die die kleinen Dinge tun wollen.«[2] Wie reagieren wir auf diesen Appell? Ich glaube, wir können uns trotz unserer zahlreichen Beschäftigungen die Zeit nehmen und uns aktiv für unsere Nächsten einsetzen. Wir können Empathie zeigen. Wir können freundliche Worte sprechen. Wir können unseren Besitz teilen. Wir können selbst losgehen oder jemand anderen schicken. Wenn wir alle einfach das tun, was wir beitragen können, und in unserem Handeln die Liebe Gottes erkennbar wird, ist es das Beste, was wir geben können.

Kennst du die Hymne »I have decided to follow Jesus« (dt.: Ich bin entschieden, zu folgen Jesus)? Du findest es sicher im Internet, falls es dir nicht geläufig ist. Sing es, um Gott deine Hingabe und Verbindlichkeit auszudrücken. Erinnere dich währenddessen daran, was andere dazu beigetragen haben, damit du Gottes gute Nachricht hören konntest. Und überleg anschließend, wie du heute als Ausdruck deines Dankes ganz praktisch Gottes Liebe mit anderen Menschen in deinem Umfeld teilen kannst.

Mein Entschluss

Ich bin eine Botschafterin Gottes. Seine Liebe soll überall dort sichtbar werden, wo ich bin, denn ich repräsentiere ihn – sowohl zu Hause als auch bei der Arbeit und darüber hinaus. Wo auch immer ich hingehe, Gottes Liebe geht mit mir. Ich möchte bereit sein, mich von Gott gebrauchen zu lassen.

Lieber Vater, du hast mich daran erinnert, wie unnötig es ist, die Größe meines Beitrags zu messen. Gerade auch die kleinen Dinge rechnest du hoch an. Hilf mir, deine Liebe jeden Tag neu weiterzugeben und durch vermeintliche Kleinigkeiten einen großen Unterschied im Leben eines anderen zu bewirken – dir zur Ehre. In Jesu Namen, Amen.

VÖLLIG UNWICHTIG,
wie groß oder klein
DEIN BEITRAG *ist;*
Gott sieht ihn als
DEINEN EINSATZ *an,*
der einen
EWIGEN UNTERSCHIED
bewirken kann.

TAG 7

Bei Gott Mut finden

Aussteigen, umdrehen, ausfallen, durchhängen oder aufgeben sind keine Optionen mehr.

Doch David fand neue Kraft im Vertrauen auf den Herrn, seinen Gott.

1. Samuel 30,6b

Wenn du den heutigen Leitsatz liest, denkst du wahrscheinlich: Einfacher gesagt als getan! Vielleicht hast du nicht mehr genügend Geld, obwohl noch die Hälfte des Monats vor dir liegt. Oder vielleicht bist du alleinerziehende Mutter, liegst nachts wach und wälzt dich im Bett von einer Seite zur anderen, weil dich die Sorgen über dein Kind im Teenageralter nicht zur Ruhe kommen lassen. Diese Jahre sind herausfordernd, umso mehr, wenn man sie alleine durchstehen muss. Oder vielleicht steckt deine Ehe gerade in einer Krise – Ehegelübde klingen am Tag der Hochzeit einfach wundervoll, doch es ist ein Kampf durchzuhalten, wenn sie gebrochen wurden. Aber gib nicht auf! Es gibt Hoffnung und Ermutigung mitten in deiner Herausforderung.

Die Verse aus 1. Samuel 30,1-6 erzählen davon, wie David und seine Truppen wieder in die Stadt Ziklag zurückkehrten und dort feststellten, dass alles zerstört worden war, was ihnen wertvoll war. Die Amalekiter hatten die Stadt überfallen, in Brand gesteckt und darüber hinaus alle Frauen und Kinder gefangen genommen. Als David und seine Soldaten diese Verwüstung sahen, brachen diese mächtigen Männer in Tränen aus.

Das Wort »Entmutigung« beschreibt nicht einmal annähernd, wie es um David und seine Männer stand. Inmitten dieser Zerreißprobe wollten sie ihn sogar steinigen. Doch trotz all der Verzweiflung »fand David neue Kraft im Vertrauen auf den Herrn, seinen Gott« (1. Samuel 30,6b). David fand Mut bei Gott, als niemand anderes ihm Mut zusprach.

Geht es dir ähnlich – bist du besorgt oder bedrückt? Der Schlüssel zum Sieg über deine Situation liegt in deiner Einstellung. Wenn du negative Gedanken zu Ende denkst, kannst du dich noch mehr herunterziehen, mit positiven hingegen kannst du dich selbst ermutigen. Anstatt dich also mit missmutigen Worten über deine Umstände zu beklagen, sprich gute Worte, die dich aufbauen und deinen Blick verändern. Bring deine Sorgen im Gebet vor Gott und bitte ihn, dir seine Perspektive zu zeigen. Das wird dich stärken und daran erinnern, dass niemand dich so ermutigen kann wie Gott.

Mein Entschluss

Heute möchte ich bewusst auf entmutigende Worte über meine Situation verzichten und stattdessen aufbauende Worte sagen, mit denen ich mir selbst Mut zuspreche und meinen Glauben stärke.

Gütiger Gott, bisher habe ich mich häufig beklagt und meine Situation dadurch nur verschlimmert. Bitte vergib mir, dass ich damit zu meinem eigenen Nachteil gehandelt habe. Leg du mir deine Worte in den Mund und gib mir ein neues Lied ins Herz. Denn bei dir finde ich die Kraft, die ich brauche. In Jesu Namen, Amen.

Meine Gewissheit:
Was ich in Jesus habe

TAG 8
Für Gott einstehen

Ich werde keine Glaubenskompromisse eingehen, meine Überzeugungen nicht verraten und bei Widrigkeiten nicht einknicken.

Die anderen königlichen Bevollmächtigten und Statthalter suchten einen Grund zur Anklage gegen Daniel bezüglich seiner Amtsführung. Aber Daniel führte sein Amt so zuverlässig und gewissenhaft aus, dass sie ihm nicht den geringsten Fehler nachweisen konnten – sie fanden einfach keinen Grund zur Anklage oder Beschwerde.

Daniel 6,5

Wir Frauen sehnen uns danach, dazuzugehören und von unseresgleichen anerkannt zu werden. Aber manchmal, wenn wir für Gott einstehen, sind wir ganz allein. Die Bibel erzählt uns von Daniel als einem Mann mit noblem Charakter, der Gott große Freude bereitete, weil er in Bezug auf seinen Glauben keine Kompromisse machte.

Von dieser Loyalität, seinen Fähigkeiten und seiner Hingabe war König Darius so beeindruckt, dass er Daniel als Verantwortlichen für alle Belange des Königreichs Babylon einsetzen wollte. Weiter heißt es, dass die anderen Statthalter so eifersüchtig auf Daniels Stellung waren, dass sie ihm eine Falle stellten (Daniel 6,4-5). Als sie aber nichts Negatives an ihm finden konnten, verschworen sie sich gegen ihn und überzeugten den König davon, ein neues Gesetz zu erlassen. Dieses besagte, dass jeder sterben müsse, der jemand anderes als den König selbst anbete. Als Daniel sich dennoch entschloss, eher das Gesetz zu brechen, als Gott zu leugnen, warf man ihn in eine Löwengrube. Am nächsten Morgen aber kam Daniel auf wundersame Weise völlig unversehrt wieder heraus. Gott hatte seinen treuen Nachfolger beschützt.

Was also ist die heutige Botschaft für dich? Tugenden wie Mut, Charakterstärke und Ehrwürdigkeit sind nicht nur in der Bibel zu finden. Gott sucht heute noch überall danach; nach Frauen, deren Herzen ganz Gott gehören und die für ihn einstehen. Gott sucht nach dir! Er möchte, dass du dich an seinem Gerechtigkeitsstandard orientierst. Mehr noch: Er möchte, dass du diesen aufrechthältst, indem du dich offenkundig von manchem abgrenzt. Er möchte, dass du dich von gewissen Orten oder Menschen fernhältst, die dir nicht guttun. Wenn die Wahrheit auf dem Spiel steht, muss die Treue zu Gott eine höhere Priorität haben als die Meinung anderer. Gott selbst wird dir dabei helfen. Denn wer auf Gott vertraut, findet bei ihm Zuflucht.

Mein Entschluss

Ich erkläre hiermit, dass ich eine aufrichtige Zeugin Gottes bin und bezüglich meines Glaubens keine Kompromisse eingehe. Sie schwächen meinen Glauben nur. Stattdessen möchte ich stärker an meinen Überzeugungen festhalten, Gottes Wort ernst nehmen und ihm allein gehorsam sein.

Großer Gott, meine Beziehung zu dir ist mir wichtiger als alles andere. Vor deinen Augen möchte ich treu und gerecht sein. Wenn ich mich unter Druck gesetzt fühle, deine guten Lebensregeln zu missachten, gib mir bitte die Kraft, für das Richtige einzustehen. Ich möchte gehorsam sein! Bitte gib du mir dazu den Mut und leg mir die passenden Worte in den Mund, wenn es darauf ankommt. In Jesu Namen, Amen.

Deine VERGANGENHEIT ist Geschichte, weil Jesus für DEINE SCHULD gestorben ist. WAS AUCH IMMER du getan hast, JESUS hat für dich REINEN TISCH gemacht und dir einen NEUANFANG ermöglicht.

TAG 9

Ein ganz neuer Anfang

Meine Vergangenheit ist vergeben.

Das bedeutet aber, wer mit Christus lebt, wird ein neuer Mensch. Er ist nicht mehr derselbe, denn sein altes Leben ist vorbei. Ein neues Leben hat begonnen!

2. Korinther 5,17

Eine Jugendliche stand einmal sehr besorgt vor einem Richter. Für ihre Fehler hatte sie einen hohen Preis zu bezahlen: Sie würde ihren Führerschein abgeben, ein Bußgeld zahlen und eine Gefängnisstrafe auf sich nehmen müssen. Vor der Vollstreckung des Urteils fragte der Richter sie, ob sie verstehe, was es bedeutet, für schuldig erklärt zu werden. Leise gab sie zu, dass sie es verstand. Dann fragte der Richter, ob sie auch begreife, welchen Schaden sie angerichtet habe. Wieder nickte das Mädchen. Die darauffolgenden Worte des Richters veränderten das Leben dieser jungen Frau: »Wenn du dich an alle Vorgaben und Auflagen hältst, werde ich die Schuldigsprechung zu deinem achtzehnten Geburtstag aus deiner Akte entfernen lassen. Es wird sein, als hättest du diesen Fehler niemals begangen.«

Ungehorsam vor Gott wird als Sünde bezeichnet. Natürlich können wir versuchen, Ausreden für unseren Ungehorsam zu finden. Dann sagen wir Dinge wie: »Das macht jeder so, ich habe doch nur mitgezogen.« Oder wir sagen: »Ich verhalte mich nur so, weil meine Eltern sich haben scheiden lassen.« Damit geben wir anderen die Schuld. Wir versuchen, unsere Schuld zu kompensieren und uns durch gute Taten bei Gott gutzustellen. Aber nichts von alledem hilft. Die Schuldgefühle kommen immer wieder zurück.

Der Grund dafür ist, dass du wirklich schuldig *bist*. Aber es gibt gute Neuigkeiten: Du bist nicht die einzige Sünderin! Wir alle sind vor Gott schuldig (Römer 3,23).

Als aber Jesus am Kreuz gestorben ist, wurden dir deine Sünden vergeben – du wurdest von deinem Fehltritt und der Scham darüber erlöst. Deine Vergangenheit ist dank Jesus Geschichte. Was auch immer du getan hast, Jesus hat für dich reinen Tisch gemacht und dir einen Neuanfang ermöglicht. Und jetzt? Vergib dir auch selbst!

Mein Entschluss

Mit dankbarem Herzen erkenne ich an: Mir wurde vergeben! Ich wurde von meiner Schuld befreit und kann die damit verbundene Scham nun ablegen. Denn meine Vergangenheit ist dank Jesus Geschichte, ich bin frei.

Lieber Vater, danke, dass du mir meine vergangenen Fehler nicht mehr anrechnest und ich neu anfangen darf. Danke für die Gewissheit, dass meine Vergangenheit abgeschlossen ist. Sie zählt nicht mehr und soll mich auch nicht mehr belasten. Das bete ich in Jesu Namen, Amen.

TAG 10
Ein sinnerfülltes Leben

Auch mein Leiden hat einen Sinn.

Als die Frau sah, dass Jesus etwas gemerkt hatte, warf sie sich zitternd vor Angst vor ihm auf die Knie. Alle hörten zu, als sie erklärte, warum sie ihn berührt hatte und dass sie augenblicklich gesund geworden war. »Tochter«, sagte Jesus zu ihr, »dein Glaube hat dich gesund gemacht. Geh in Frieden.«

Lukas 8,47-48

Hast du es gerade mit einem Problem zu tun, das größer ist als du? Das dich überfordert und nicht aufhört, dir Geld, Gesundheit oder den Verstand zu rauben? In der Bibel gibt es eine Frau, die dieses Gefühl nur zu gut kannte. Sie hatte all ihre Ersparnisse aufgewendet, um ihre Krankheit behandeln zu lassen. Doch nachdem sie zwölf Jahre lang alles Mögliche versucht hatte, ging es ihr genauso schlecht wie vorher. Nach mosaischem Gesetz war sie aufgrund der Bluterkrankheit unrein – eine Aussätzige. Wahrscheinlich hat sie deshalb außerhalb der Stadtmauern leben müssen, abseits der Gesellschaft. Wie schön Familientreffen oder enge Freundschaften sein konnten, wusste sie nicht. Stattdessen prägten Einsamkeit und Isolation ihr Leben. Und dennoch gab die Frau nicht auf.

Es sprach sich herum, dass Jesus Kranke heilen, Tote auferwecken und böse Geister austreiben konnte. Die Frau muss großen Mut gehabt haben, sich auf die Straßen zu trauen und nach eben diesem Jesus Ausschau zu halten. Aber diese Chance ließ sie sich nicht entgehen. Kraftlos und voller Angst riskierte sie es, nach Jesus zu suchen und, als sie schließlich in seine Nähe kam, den Saum seines Gewandes zu berühren.

Ist es nicht wunderbar, wie Jesus darauf reagierte? Er wies sie nicht zurecht oder stellte sie öffentlich bloß, weil sie die religiösen Regeln der damaligen Zeit gebrochen hatte. Er kritisierte sie auch nicht dafür, dass sie ihn angefasst hatte. Stattdessen sah er sie an und sprach sie mit »Tochter« an – ein Wort, das Liebe und Fürsorge ausdrückt. Genauso, wie er ihre verzweifelte Berührung bemerkt hatte, kannte er auch ihre Not.

Auf wundersame Art und Weise heilt Jesus verzweifelte Herzen, setzt zerbrochene Leben wieder zusammen und stellt dysfunktionale Familien wieder her. Außerdem lässt er fast vergessene Träume wieder aufleben und bewahrt sie so vor dem langsamen, aber sicheren Tod. Daher lass nicht zu, dass deine Herausforderungen dich runterziehen, sondern lass dich von ihnen näher zu Jesus bringen.

Mein Entschluss

Heute spreche ich es laut aus: Ich bin eine Überwinderin und Siegerin. Meine Herausforderungen fordern mich, aber vor allem fördern sie mich. Meinen Halt finde ich in Jesus, der meine allgegenwärtige Hilfe in schwierigen Zeiten ist.

Himmlischer Vater, es gibt mir Kraft zu wissen, dass du dich mit mir um meine Angelegenheiten kümmerst. Deshalb bedeutet mir die Beziehung zu dir mehr als alles andere. Du gibst mir Halt und meinem Leben einen Sinn, danke dafür. In Jesu Namen, Amen.

TAG 11

Sei ein Segen

Das Beste kommt erst noch.

Gebt, und ihr werdet bekommen. Was ihr verschenkt, wird anständig, ja großzügig bemessen, mit beträchtlicher Zugabe zu euch zurückfließen. Nach dem Maß, mit dem ihr gebt, werdet ihr zurückbekommen.

Lukas 6,38

Es war ein unglaublich spannender Tag: Eine Freundin hatte gerade ihren ersten Spielfilm produziert und ich war auf dem Weg zu ihrer Premiere. Erst als ich schon unterwegs war, kam ich auf die Idee, ihr ein kleines Geschenk mitzubringen. Der einzige Laden auf dem Weg war einer dieser riesigen, lagerhallenähnlichen Supermärkte, aber ich sprang trotzdem kurz rein und wollte ihr einen Strauß Blumen und eine Kleinigkeit besorgen. An der Kasse fiel mir auf, dass man hier zum Bezahlen eine Clubkarte brauchte. Eine solche Karte hatte ich natürlich nicht. Glücklicherweise bot mir eine sehr freundliche Dame aus der Schlange ihre Karte an. Voller Dankbarkeit antwortete ich: »Oh, vielen lieben Dank! Gott segne Sie!«

»Oh ja, Gottes Segen kann ich gebrauchen«, erwiderte sie. »Die letzten Monate waren sehr anstrengend. Meine Enkelkinder wohnen jetzt bei mir und, na ja, ich bin nun mal nicht mehr die Jüngste!« Bemüht, ihr etwas Aufbauendes zu entgegnen, lächelte ich und sagte im Plauderton: »Dann werde ich Gott bitten, seine Himmelspforte weit zu öffnen und so viel Segen über Ihnen und Ihren Enkeln auszuschütten, dass Sie gar nicht mehr wissen, wohin damit.« Und noch bevor ich den Satz beendet hatte, fing diese Dame an, mit erhobenen Händen Gott Loblieder zu singen – mitten im Supermarkt an der Kasse.

Ich bezahlte und war noch nicht weit gekommen, da sprach mich eine weitere Frau an und bat mich, auch sie zu segnen. Die erste Dame war noch dabei, Gott zu loben, als ich der jungen Frau eine von Gottes Verheißungen zusprach. Vor Freude stiegen ihr die Tränen in die Augen. Das war das erste Mal, dass ich bei einem Gottesdienst in einem Supermarkt dabei war!

Es waren keine besonderen oder außergewöhnlichen Worte, die ich den Frauen mit auf den Weg gab; nur das, was Gott mir in dem Augenblick aufs Herz gelegt hatte. Wie wird er dich heute wohl gebrauchen, um auf deinem Weg andere zu segnen?

Mein Entschluss

Ich möchte andere Menschen segnen. Denn ich weiß, wenn ich mich für meine Nächsten einsetze, wird an anderer Stelle genau so viel Segen auch zu mir zurückkommen. Ich möchte mich aktiv an Gottes Bumerang-Prinzip der Liebe beteiligen.

Lieber Vater, bitte segne mich, damit ich anderen zum Segen werde. Führe du mich an Orte, an denen ich deine Liebe weitergeben kann. Lass mich dazu beitragen, dass die Menschen erkennen, wie freundlich, gut und liebevoll du bist. Das bereitet mir genauso viel Freude wie dir! In Jesu Namen, Amen.

TAG 12

Glauben statt fühlen

Ich lebe im Glauben und verlasse mich nicht auf das, was ich sehe.

Denn wir leben im Glauben und nicht im Schauen.
                                                                2. Korinther 5,7

Bist du jemand, der sich gerne mit den unbeantworteten Fragen des Lebens beschäftigt? Zerbrichst du dir den Kopf darüber, wie die kürzlich diagnostizierte Krankheit ausgehen wird? Denkst du häufig darüber nach, wie es deinem erwachsenen Kind in der neuen Stadt wohl geht – jetzt, da es zum Studium nicht mehr zu Hause wohnt? Viel zu oft machen wir uns Sorgen und stellen uns Situationen vor, die vielleicht niemals eintreffen werden.

In diesen Momenten ist eines ganz besonders wichtig: dein Glaube. Er bildet den Kern deiner Beziehung zu Gott. Auch wenn nicht alles zu erklären oder verstehen ist, können wir an Gottes Worten festhalten und darauf vertrauen, dass er es gut machen wird. Wie auch immer deine Umstände aussehen, entschließ dich dazu, dich unter allen Umständen ganz auf Gott zu verlassen. Denn sonst ist es sehr leicht, sich von seinen Gefühlen übermannen zu lassen. Aber mit Gottes Hilfe kannst du sie kontrollieren, indem du sie von Fakten bestimmen lässt – und nicht die Fakten deine Gefühle. Du kannst sicher *sein*, auch wenn du keine Sicherheit *spürst*. Du kannst hinfallen und immer noch bei Gott Zuversicht finden, um aufzustehen und weiterzugehen. Denn auch wenn du falsche Entscheidungen triffst, kannst du durch Gottes Gnade am Ende auf dem richtigen Weg landen. Weshalb? Weil Zuversicht nicht das Ergebnis deiner erbrachten Leistungen ist. Zuversicht erlangst du, wenn du verstehst, dass Gottes Macht größer ist als deine Not.

In der Bibel findest du unzählige Geschichten, in denen Gott Menschen aufgefordert hat, nicht nach ihrem eigenen Verstand zu handeln, sondern ihm zu vertrauen. So befahl Gott zum Beispiel dem Volk Juda, Siegeslieder singend in den Krieg zu ziehen, anstatt ihre Feinde mit herkömmlichen Waffen zu bekämpfen (2. Chronik 20,21). In einer anderen Geschichte fordert Jesus Petrus auf, aus dem Boot zu steigen und auf dem Wasser zu gehen (Matthäus 14,29). Ein wieder anderes Kapitel erzählt davon, wie Jesus seine Jünger beauftragt, eine Menschenmenge von mehr als 5000 Personen mit nur zwei Fischen und fünf Broten satt zu machen (Matthäus 14,13-21).

Werden wir immer alle Details erhalten, wenn wir Gott die Führung überlassen? Auf gar keinen Fall! Erscheint es immer sinnvoll, sich an Gottes Plan zu halten? Nein. Aber wenn wir unser Leben trotzdem nach unserem Glauben ausrichten und nicht nur nach dem, was wir sehen und erklären können, werden wir Unglaubliches erleben!

Mein Entschluss

Ich bezeuge, dass ich ohne Ausnahmen an Gottes Wort glaube, unabhängig von dem, ob sich das mit meinen Gefühlen deckt oder nicht. Wenn Gottes Wort es sagt, werde ich daran festhalten. So klammere ich mich an sein Wort und vertraue darauf, dass er alles im Griff hat.

Himmlischer Vater, ich muss zugeben, dass es mir manchmal sehr schwer fällt, dir zu vertrauen. Aber tief in meinem Herzen weiß ich, dass du mich niemals auf einen Weg führen würdest, der kein Ziel hat. Hilf mir, dass ich dir die Führung überlasse und lerne, dir zu folgen, auch wenn ich nicht sehe, wo es hingeht. In Jesu Namen, Amen.

ZUVERSICHT
ist nicht das Ergebnis
deiner erbrachten
LEISTUNGEN.
ZUVERSICHT erlangst du,
wenn du verstehst,
dass GOTTES MACHT
größer ist als deine Not.

TAG 13

Kopf hoch und weitermachen

Mein Entschluss steht fest und ich schaue nach vorne.

Ich sage dir: Sei stark und mutig! Hab keine Angst und verzweifle nicht. Denn ich, der Herr, dein Gott, bin bei dir, wohin du auch gehst.

Josua 1,9

Gott befahl Josua nach vierzig Jahren der Wüstenwanderung, das israelitische Volk in das Gelobte Land zu führen. Doch dazu musste zunächst die befestigte Stadt Jericho besiegt werden.

Es war eine sehr außergewöhnliche Aufgabe, die Gott Josua da gab. Denn er erhielt präzise Anweisungen, wie sie die Stadt bezwingen sollten. Das Volk wurde aufgefordert, sechs Tage lang einmal täglich um die Stadtmauern Jerichos zu marschieren. Die Kanaaniter in der Stadt machten sich über sie lustig, doch Josua befahl dem Volk zu schweigen – Verbesserungsvorschläge oder Widerspruch waren nicht angebracht. Am siebten Tag sollte das Volk siebenmal um die Stadtmauern marschieren. In dem von Gott bestimmten Augenblick bliesen die Priester ihre Hörner und die Israeliten erhoben ein lautes Kriegsgeschrei: Die Stadtmauern Jerichos fielen in sich zusammen, das Gottesvolk stürmte in die Stadt und nahm sie ein (Josua 6,20).

Auf übernatürliche Weise ließ Gott eine beachtliche Stadt zu einem Haufen Schutt zusammenfallen. Aus dieser Geschichte über die Eroberung Jerichos können wir drei Dinge lernen:

Erhebe keinen Einspruch. Entscheide dich bewusst dazu, nach Gottes Regeln zu leben und die Dinge auf seine Weise zu tun. Zögere oder murre nicht, wenn Gott dir klare Anweisungen gibt. Hör auf seine Worte und vermeide es, das Steuer selbst in die Hand zu nehmen.

Gib nicht klein bei. Auch wenn Gottes Wege manchmal außergewöhnlich sind, halt durch! Gehorch seinem Wort mit Entschlossenheit. Lass dich nicht von Rückschlägen oder scheiternden Plänen demotivieren.

Gib nicht auf. Josua wusste genau, wie mächtig die Stadt war, gegen die er kämpfen sollte. Für Christen, die Gottes Willen folgen und ihm vertrauen, ist der Rückzug keine Option. Ganz im Gegenteil: Mach dich bereit und marschiere los!

Findest du nicht auch, dass es Zeit ist, nicht länger nur *an Gott zu glauben*, sondern ihn auch *beim Wort zu nehmen*?

Mein Entschluss

Ich gebe mich demütig Gottes Plan hin. Ich glaube an mein »Gelobtes Land«, obwohl ich vielleicht gerade noch die Mauern Jerichos vor mir stehen sehe. Als Tochter des höchsten Königs weiß ich, dass Gott für mich kämpft und er diese Mauern zum Einstürzen bringen wird!

Mächtiger Vater, ich weiß, dass es nur eine Frage der Zeit ist, bis sich deine Versprechen erfüllen. Und so bitte ich, Herr, gib mir Kraft, auszuharren und deine Pläne nicht zu durchkreuzen. Ich möchte dir treu folgen, auch mitten im Kampf. Mit dir auf meiner Seite ist der Sieg sicher! Danke, Gott. In Jesu Namen, Amen.

TAG 14

Jetzt bist du gefragt

Ich werde nicht wie die Welt denken, reden, handeln oder leben.

Schon vor deiner Geburt habe ich dich dazu bestimmt, dass du den Völkern meine Botschaften überbringst.

Jeremia 1,5

Wenn ich deine Küche durchstöbern würde, fände ich sicherlich »alltägliches« Geschirr im Schrank – das, was du jeden Tag zum Kochen und Essen verwendest, stimmt's? Wenn ich aber weitersuchte, gäbe es in einem anderen Schrank wahrscheinlich auch das gutes Porzellanservice, das nur bei besonderen Anlässen gedeckt wird, beispielsweise wenn Gäste kommen. Auch wenn das Service vielleicht schöner aussieht, ist es das andere – das Robustere mit den kleinen Kerben und Kratzern –, das du täglich nutzt.

Das alltägliche Geschirr soll ein Bild für das Leben eines Dieners sein: Er wird jeden Tag gebraucht. Doch der Gedanke des Dienens ist manchen völlig fern; heutzutage geht es eher darum, bedient zu werden. Geht man aber dem ursprünglichen Sinn des Wortes nach, stellt man fest: Ein Diener unterwirft sich dem Bedienten, ohne dabei etwas zurückzuerwarten. Und genau dies sollte deine Einstellung in der Welt sein: anderen dienen und ihnen zum Segen werden – ohne auf eine Gegenleistung zu hoffen.

Gott sprach einmal sehr machtvolle Worte zu dem Propheten Jeremia: »Schon vor deiner Geburt habe ich dich dazu bestimmt, dass du den Völkern meine Botschaften überbringst« (Jeremia 1,5). Doch diese Aufgabe gilt nicht nur allen Predigern, Pastoren oder Missionaren, die dafür bezahlt werden. Sie gilt allen, die an Jesus Christus glauben. Wir alle sind dazu berufen, Gottes Wort weiterzugeben und anderen zu dienen.

Wenn wir anderen Menschen dienen, drücken wir damit unseren Dank darüber aus, was Gott in unseren Leben getan hat. Andere zu segnen, ist eine Antwort auf die Güte, die uns selbst zuteil wurde. Wer gibt, wird daran erinnert, dass er selbst viel empfangen hat. Gott ist es wichtig, dass wir unseren Nächsten dienen. Wie deine Geste der Freundlichkeit aussieht, ist dabei egal. Und auch, ob jemand anderes sie wertschätzt und sich dafür bedankt oder nicht, ist unwichtig. Gott sieht deine Freundlichkeit in jedem Fall und freut sich über sie.

Wie könntest du heute jemandem auf ganz praktische Weise dienen?

Mein Entschluss

Ich will ein Diener Gottes sein. Ich werde gesegnet und ich möchte ein Segen sein. Auch wenn Menschen meine Freundlichkeit vielleicht nicht sehen, Gott sieht sie. Und Gott zu dienen, heißt meinen Mitmenschen zu dienen.

Himmlischer Vater, es ist ein Privileg, von dir gebraucht zu werden, um meinen Nächsten eine Hilfe zu sein. Bitte vergib mir die Momente, in denen ich lieber bedient werden möchte, als mich selbst zu engagieren. Hilf mir, aus freien Stücken zu geben und für andere da zu sein, denn dadurch werde ich dir immer ähnlicher. In Jesu Namen, Amen.

Meine Autorität:
Wozu Jesus mich befähigt

TAG 15

Unterbrechungen

Ich lasse mich nicht aus der Ruhe bringen.

Ein Mensch kann seinen Weg planen, seine Schritte aber lenkt der Herr.

Sprüche 16,9

Der Tagesplaner auf dem Küchentisch und verschiedene To-Do-Zettel am Spiegel, du musst hier und dort hin und hast verschiedene Dinge zu erledigen, aber letztlich wird dein Plan doch häufig unterbrochen. Kennst du das? Jesus hatte nie ein Problem mit solchen Störungen. Während seines dreieinhalb-jährigen Dienstes auf dieser Erde schienen seine Tage von sehr vielen Unterbrechungen geprägt zu sein; das kam dadurch, dass Jesus die Not der Menschen sah und darauf reagierte, weil sie ihn nicht unberührt ließen. Genau wie wir war auch Jesus ein sehr beschäftigter Mensch und gleichzeitig brauchten viele Menschen seine Hilfe. Und doch zeigte er sich durch die zahlreichen Bitten nie gestört oder genervt.

Da wären zum Beispiel die Geschehnisse aus Matthäus 9. Das Kapitel beginnt damit, dass eine Gruppe von Männern Jesus unterbricht und ihn bittet, ihren gelähmten Freund zu heilen. Er folgt dieser Bitte und heilt den Mann. Anschließend führt er seine Predigt fort, doch zugleich redet man ihm wieder dazwischen, dieses Mal sind es die Pharisäer. Sie stellen ihn als Gotteslästerer hin. Jesus nutzt die Situation, um ihnen und den Jüngern sein Handeln zu erklären. Doch einmal mehr fällt ihm jemand ins Wort – ein Mann bittet ihn inständig, zu ihm nach Hause zu kommen und seine gerade verstorbene Tochter zurück ins Leben zu holen. Auch dieser Bitte kommt Jesus nach. Auf dem Weg aber wird er erneut aufgehalten und kann nicht direkt weiterziehen: Eine Frau mit Bluterkrankheit entdeckt Jesus und berührt seinen Saum und ist augenblicklich geheilt. Noch bevor das neunte Kapitel endet, wird Jesus weitere Male unterbrochen und nimmt sich der Nöte der Menschen an. Wow!

Wie hat er es nur geschafft, mit all diesen »Zwischenfällen« umzugehen? Wie hat er entscheiden können, welchen Bitten er folgte und welchen nicht? Fest steht, dass Jesu Perspektive stets auf die Ewigkeit gerichtet war. »Achtet sorgfältig darauf, wie ihr lebt; handelt nicht unklug, sondern bemüht euch, weise zu sein. Nutzt jede Gelegenheit, in diesen üblen Zeiten Gutes zu tun. Handelt nicht gedankenlos, sondern versucht zu begreifen, was der Herr von euch will« (Epheser 5,15-17). Bevor du also in deinen Tag startest, besprich deine Termine und Veranstaltungen mit Gott. Frag ihn, was wichtig ist und wonach du dich richten sollst; bitte ihn, dir seinen Willen für diesen Tag zu zeigen. Bete ruhig auch für die unerwarteten Zwischenfälle, die bestimmt kommen werden: dass Gott dir Kraft gibt, mit Geduld und Freundlichkeit darauf zu reagieren.

Mein Entschluss

Bei Gott finde ich Weisheit, Mut und Kraft. Deshalb kann ich meinen täglichen Herausforderungen begegnen und sie bewältigen. Mein Entschluss steht fest: Ich werde nicht stolpern, denn Gott ebnet meinen Weg.

Lieber Vater, ich weiß, dass Unterbrechungen nun mal dazugehören. Manche stören leider, andere wiederum sind gute Möglichkeiten, ja sogar Segnungen, die du schenkst. Bitte gib mir die Weisheit, das eine vom anderen zu unterscheiden. In Jesu Namen, Amen.

Angst paralysiert. GOTT hat uns aber keinen ängstlichen, sondern den HEILIGEN GEIST geschenkt. Als KIND GOTTES hast du so stets eine MÄCHTIGE WAFFE in der Hand.

TAG 16

Den Blick auf Jesus gerichtet

Ich werde nicht wanken.

Denn Gott hat uns nicht einen Geist der Furcht gegeben, sondern einen Geist der Kraft, der Liebe und der Besonnenheit.
2. Timotheus 1,7

Ein Sturm kann beängstigend sein. Aber als Jesus Petrus dazu aufforderte, aus dem Boot zu steigen und auf dem Wasser des Sees Genezareth zu gehen, antwortete Petrus nicht mit Angst, sondern mit Glauben. In diesem Moment setzte er sein ganzes Vertrauen auf Jesus, verließ das Boot trotz des gewaltigen Sturms und ging tatsächlich auf dem Wasser! Als Petrus seinen Blick jedoch von Jesus abwandte und die Umstände logisch betrachtete, fürchtete er sich: Er bemerkte den tosenden Wind und die mächtigen Wellen und begann augenblicklich im tiefen Schwarz des stürmischen Wassers zu versinken (Matthäus 14,25-32).

Sicherlich bist du auch schon einmal in deinem Leben von Angst überwältigt worden. Eine junge Ehefrau und Mutter, deren Mann schwer erkrankte, fühlte sich von der Verantwortung überrollt, ihre Kinder allein großzuziehen und dabei ihren Mann zu versorgen. Als sich die Rechnungsberge stapelten und ihr Mann immer mehr Unterstützung brauchte, packte sie die Angst. Eines Tages erkannte sie dann aber, dass sie sich entscheiden musste: Entweder sie ließ sich von der Furcht lähmen und ging in den Wellen unter oder sie setzte ihre Hoffnung auf Gott und bat ihn, die Kontrolle zu übernehmen. Sie entschied sich für Letzteres. In Jesu Namen betete sie für die Heilung ihres Mannes und lernte, mit ihrem Geld zu haushalten. Als sie sich entschloss, der Angst den Rücken zuzukehren, nahm auch ihr Leben eine Wendung. Endlich verstand sie die kraftvolle Verheißung, die in Sprüche 18,10 steckt: »Der Name des Herrn ist eine feste Burg; der Gottesfürchtige flüchtet sich zu ihm und findet Schutz.«

Auch wenn wir den aufkommenden Sturm nicht immer vorhersehen können, ist es doch möglich, sich darauf vorzubereiten. Lass nicht zu, dass er dich zum Wanken bringt. Angst paralysiert, aber Gott hat uns keinen ängstlichen, sondern den Heiligen Geist geschenkt. Als Kind Gottes hast du so stets eine mächtige Waffe in der Hand. Bekämpfe die Angst mit Gebet, Lob und Dank und fasse neuen Mut! Halt deinen Blick auf Gott gerichtet und gib ihm alle Ehre. Dann wird er für dich wieder größer als all deine Angst.

Mein Entschluss

Ich erkläre hiermit, dass ich mutig bin. Die Angst ist der Feind meines Glaubens, aber kein unbesiegbarer. Denn zu jeder Zeit habe ich Zugang zu Gottes Frieden. Ich tausche meine Angst gegen Gottes große Macht, seine umfassende Liebe und seine Gedanken ein.

Himmlischer Vater, in meinem Herzen weiß ich es ganz sicher, während ich vor dich trete: Du bist in jedem Sturm mein Friedensbringer. Zu wissen, dass du in jedem Moment bei mir bist, gibt mir Hoffnung und Zuversicht, dass ich alles schaffen kann! In Jesu Namen, Amen.

TAG 17

Meiner Familie zuliebe

Ich werde nicht nachgeben.

Entscheidet euch heute, wem ihr dienen wollt. Ich und meine Familie werden jedenfalls dem Herrn dienen.

Josua 24,15

Als Sängerin und Songschreiberin begeistern mich die Geschichten großer Komponisten. Als Ehefrau und Mutter beflügeln mich die Erzählungen über mutige Frauen. Ein wunderbares Beispiel für beides ist Susanna Wesley – eine Frau, die ihren begabten Kindern ein vorbildliches, gottgefälliges Leben vorlebte. Sie war insbesondere um die geistliche Entwicklung ihrer Kinder besorgt und dafür bekannt, dass sich ihr Zuhause sonntags mit bis zu zweihundert Nachbarn füllte, die alle nur kamen, um sie predigen zu hören. Jedes ihrer Kinder führte ein Leben mit Gott, auch noch als Erwachsene. Einer ihrer Söhne, John, wurde der Begründer der Methodistenbewegung, und ein anderer, Charles, schrieb eine der bekanntesten und besten Hymnen, die die christliche Kirche kennt.

Susanna Wesley ist aber auch eine Frau, die großes Leid durchmachen musste. Zeitweise war sie ganz allein verantwortlich für ihre neunzehn Kinder und den Bauernhof, während ihr Mann aufgrund von Geldschulden im Gefängnis saß. In der Familie gab es viel Krankheit, manche ihrer Kinder starben sogar, und bei einem Feuer verloren sie ihr Haus. Doch in all diesen Herausforderungen lebte Susanna Wesley so, wie sie es predigte: Sie zweifelte niemals an ihrem Glauben.

Auch wenn sie als Mutter des Methodismus bekannt ist, hatte sie die gleiche Aufgabe wie alle Mütter: den eigenen Kindern Werte und gutes Verhalten beizubringen. Denn weder der Staat, noch die Institution Schule noch die Medien sind dafür verantwortlich, unsere Kinder zu erziehen. Freundlichkeit, Ehrlichkeit, Bescheidenheit, Respekt, Hilfsbereitschaft und Verantwortungsbewusstsein müssen sie zu Hause lernen, zum großen Teil von der Mutter. Eines Tages werden die Kinder, Neffen und Nichten, Enkel- und Patenkinder dankbar dafür sein und sie in guter Erinnerung haben. Dann stehen die Chancen gut, dass eine Mutter das größte Kompliment hört, das man ihr machen kann: Du bist eine Frau nach dem Herzen Gottes!

Mein Entschluss

Mutig beanspruche ich den Segen Gottes für meine gesamte Familie. Ich bringe meinen Kindern Gottes Anliegen nahe und ermutige sie, von ganzem Herzen für sie einzustehen. Ich nehme mir vor, meinen und allen Kindern, auf die ich Einfluss habe, christliche Werte nahezubringen. Mein Ziel ist es, der nachfolgenden Generation ein Erbe aus Liebe und Glauben zu hinterlassen.

Lieber Vater, ich danke dir von Herzen für meine Familie. Sie ist ein wahrer Schatz für mich. Bitte hilf mir, sie und die Menschen in meiner Umgebung nicht nur durch Worte, sondern auch durch Taten zu prägen und ihnen zum Vorbild zu werden. In Jesu Namen, Amen.

TAG 18

Erfolgreich im Sinne Gottes

Ich gehöre zu Jesus und richte meinen Blick auf das, was ihm wichtig ist.

Wir loben Gott, den Vater von Jesus Christus, unserem Herrn, der uns durch Christus mit dem geistlichen Segen in der himmlischen Welt reich beschenkt hat.

Epheser 1,3

Überall auf der Welt geht es um Erfolg, in großen Städten wie in kleinen Dorfgemeinschaften. Wir Menschen wollen erfolgreich sein. Oft denken wir über Besitz und Erfolg nach, über Ruhm und Popularität, über ein schönes Haus und ein großes Auto sowie genug Geld auf dem Bankkonto. Unsere Kultur sieht jemanden als erfolgreich an, wenn er Besitztümer und Errungenschaften, Auszeichnungen, Ruhm und Ehre für sich verbuchen kann. Aber in diesem unendlichen, unerbittlichen Streben nach Anerkennung steckt eine große Gefahr. Allzu häufig kann man die traurigen Geschichten über Menschen lesen, die nach Bekanntheit jagten und letztlich nur Leere und Bedeutungslosigkeit fanden. Zahlreiche prominente Persönlichkeiten haben über die Zeiten hinweg einen ziemlich unbedeutenden Platz in der Weltgeschichte eingenommen, weil sie ihr Leben mit einer vergeblichen Suche verbrachten.

Alle Menschen, egal welcher Kultur oder Religion sie angehören, sehnen sich nach einem Leben mit Bedeutung. Aber als Christen erleben wir Bedeutung und wahre Freude nicht dadurch, dass wir uns einen großen Namen machen. Im Gegenteil, sie resultieren daraus, dass wir Jesu Namen hier auf Erden groß machen.

Wenn du heute auf dein Leben schaust, dann miss es nicht mit den Maßstäben der Welt. Lass nicht zu, dass materielle Dinge deinen Erfolg bestimmen, wie beispielsweise ein teures Auto, ein großes Haus oder auch ein gutbezahlter Job. Du kannst von Erfolg gekrönt sein –

und nichts von alledem haben. Genauso gilt, dass du alles das besitzen kannst und trotzdem gescheitert bist. Hör daher auf, dich mit anderen zu vergleichen; befrei dich von den Gedanken darüber, wie andere aussehen, was sie erreicht haben und besitzen. Das lenkt dich nur von deiner gottgegebenen Aufgabe ab. Vergleich dich mit Jesus! Er ist dein Vorbild. Wenn sich Jesus in deinem Leben widerspiegelt und du das erreichst, was er für dein Leben vorgesehen hat, ist das dein größter Erfolg. Denn nicht was du hast, bestimmt über deinen Erfolg, sondern zu wem du gehörst.

Mein Entschluss

Ich entscheide mich bewusst für Gottes Erfolgsmaßstäbe. Ich gebe ihm all meine Talente und Begabungen und hoffe, dass er mein Tun segnet. Ich bin erfolgreich, weil ich zu Gott gehöre und ihm gehorche.

Himmlischer Vater, häufig verfalle ich in alte Muster und messe meinen Erfolg daran, wie viel ich besitze oder erreicht habe. Ich gestehe, dass mich in diesen Momenten die Gier treibt und ich auf die leeren Versprechen der Welt setze, anstatt auf die Fülle deines Heiligen Geistes zu schauen. Hab Dank, dass du mich so reich beschenkst. Danke für meine Talente und Begabungen. Bitte hilf mir, sie für dich einzusetzen und deinen Namen damit zu verherrlichen. In Jesu Namen, Amen.

Wenn sich JESUS in DEINEM LEBEN widerspiegelt und du das erreichst, was er für DEIN LEBEN vorgesehen hat, ist das dein GRÖSSTER ERFOLG.

TAG 19

Im Hier und Jetzt mit Blick auf die Ewigkeit

**Die Erde ist meine Mission,
der Himmel mein Ziel.**

Dann sagte Jesus: »Kommt alle her zu mir, die ihr müde seid und schwere Lasten tragt, ich will euch Ruhe schenken. Nehmt mein Joch auf euch. Ich will euch lehren, denn ich bin demütig und freundlich, und eure Seele wird bei mir zur Ruhe kommen. Denn mein Joch passt euch genau, und die Last, die ich euch auflege, ist leicht.«

Matthäus 11,28-30

Lori ist ein Beispiel dafür, wie Gottes Macht Leben verändert: Sie lebte schon über zwanzig Jahre mit ihrem Freund zusammen, der sie sehr schlecht behandelte und ausnutzte, als Lori von einer Freundin zu einem Gospel-Konzert eingeladen wurde, bei dem ich als Ehrengast auftrat. Meine Musik und auch die Zeugnisse der anderen Frauen, die an diesem Abend davon erzählten, was sie mit Gott erlebt hatten, berührten sie sehr. Am Ende dieser Veranstaltung vertraute auch Lori ihr Leben Jesus an. Mutig ging sie nach Hause und forderte ihren Freund auf, seine sieben Sachen zu packen und auszuziehen. Sie erzählte ihm, was sie in der Kirche erlebt hatte und wie sie sich zum ersten Mal richtig geliebt gefühlt hatte, geliebt von Gott. Sie hatte erkannt, dass Gott sie wertschätzt, liebt und so akzeptiert, wie sie ist.

Die gleiche Kraft, die Loris Leben verändert hat, ist auch für dich da. Jesus lädt dich zu einem Leben ein, in dem du nicht nur toleriert, sondern geliebt wirst. Du brauchst dich nicht mit den abgestandenen Essensresten abzugeben, wenn du bei deinem Vater an der königlichen Tafel Platz nehmen kannst! Jesus möchte, dass du dich ihm anvertraust und im Einklang mit ihm deine Aufgaben erfüllst. Dafür ist es nur wichtig anzuerkennen, dass er den größten Teil der Arbeit bereits am Kreuz getan hat. Dadurch kannst du dein Herz zum Himmel hin ausrichten, während deine Füße auf festem Grund stehen.

Wenn du mit Jesus lebst, brauchst du nicht zu deinen alten Wegen zurückzukehren. Neben Gottes Verheißungen verblassen ohnehin alle Versprechen dieser Welt. Wenn du länger mit Jesus lebst, verändert das *alles*. Du wirst fähig, alles Vergängliche loszulassen, an das du dich noch klammerst, und deinen ganzen Halt bei Jesus zu finden, als hinge dein Leben von ihm ab. Denn das tut es!

Mein Entschluss

Gott bietet mir seine Hilfe an und ich möchte sie gehorsam annehmen. Wenn ich an Gottes Hand gehe, folge ich seinen Schritten. Das befreit mich von den alten Fesseln meines Lebens, sodass ich in völliger Freiheit leben kann, die Jesus mir schenkt.

Vater, du bist ein guter Gott. Je länger ich dich kenne, desto mehr sehne ich mich danach, so zu leben wie du, Jesus. Ich möchte deinen Willen tun. Gib mir die Kraft dazu, meiner Aufgabe hier auf der Erde nachgehen zu können und mich nicht an die Dinge der Welt zu klammern. Ich möchte mein Leben nach deinem Plan gestalten, frei und zwanglos. In Jesu Namen, Amen.

TAG 20

Keine Ausreden

Ich erkläre: »Alles ist mir möglich durch Christus, der mir die Kraft gibt, die ich brauche.« (Philipper 4,13)

Dann befahl der Herr Abram: »Verlass deine Heimat, deine Verwandten und die Familie deines Vaters und geh in das Land, das ich dir zeigen werde! Von dir wird ein großes Volk abstammen. Ich will dich segnen und du sollst in der ganzen Welt bekannt sein. Ich will dich zum Segen für andere machen. Wer dich segnet, den werde ich auch segnen. Wer dich verflucht, den werde ich auch verfluchen. Alle Völker der Erde werden durch dich gesegnet werden.«

1. Mose 12,1-3

Als Abram zusammen mit seiner Frau Sarai in das unbekannte Land aufbrach, musste er dafür einiges zurücklassen: Familie und Freunde, die vertraute Umgebung und Kultur. Sie hatten keinen Schimmer, was sie erwarten würde. Doch sie entschieden sich, lieber mit Gott ins Unbekannte aufzubrechen, als ohne Gott in Altbekanntem zu verweilen.

Egal, wie einschüchternd die Aufgabe auch sein mag: Wenn Gott dich dazu auffordert, wird er dir helfen, sie auch zu erfüllen. Stehst du vor einer angsteinflößenden Herausforderung? Sei gewiss: Wenn du auf Gottes Hilfe baust, wird er dich mit allem ausrüsten, was du brauchst. Schau nicht auf deine Fähigkeiten oder die Schwierigkeiten, sondern auf Gottes Versprechen.

Abram hätte sich aus zahlreichen Gründen ängstlich zurückziehen können und so Gottes große Verheißung verpasst, die nicht nur ihm, sondern auch den folgenden Generationen galt. Aber nichts da: Ohne zu wissen, was vor ihm lag oder worauf er stoßen und was er brauchen würde, machte sich Abram auf den Weg – im festen Glauben daran, dass Gott ihn leiten und führen würde. Als Abram seine Sachen zusammenpackte, nahm er eine Sache nicht mit: Ausreden.

Kommt dir irgendetwas hiervon vielleicht bekannt vor?

»Ich bin viel zu alt.«

»Ich bringe nicht genügend Erfahrungen mit.«

»Ich habe keine Zeit.«

»Ich bin nicht die Richtige dafür.«
»Ich kann das nicht.«

Es ist völlig egal, wie deine Situation aussieht. Gott kann alle seine Kinder in jeder Situation gebrauchen! Er beruft nicht die Qualifizierten, sondern er qualifiziert die Berufenen. Was du nicht kannst, kann Gott.

Mein Entschluss

Gott ist derjenige, der mich ruft, ausrüstet und befähigt. Keine Ausreden mehr! Mit Freude akzeptiere ich Gottes Plan für mich. Ich möchte mich auf die Reise machen und sie als Glaubensabenteuer betrachten. Dabei vertraue ich darauf, dass Gott mich ausstatten wird, wenn er mich beruft.

Gütiger Vater, danke, dass auch ich eine wichtige Rolle in deinem Plan für die Welt spiele! Auch wenn mein Teil klein aussehen mag, weiß ich, dass ich ausschlaggebende Dinge tun und deinen Namen verherrlichen kann. Hilf mir dabei, im Glauben an dich dahin zu gehen, wo du mich gebrauchen möchtest, und alles Bekannte hinter mir zu lassen. In Jesu Namen, Amen.

Dann, wenn DEINE SCHWÄCHE *dir im Weg steht, kommt* GOTTES STÄRKE *zum Tragen.*

TAG 21
Gott will dich gebrauchen

Alles ist möglich. Wenn Gott für mich ist, wer kann dann gegen mich sein?

Jedes Mal sagte er: »Meine Gnade ist alles, was du brauchst. Meine Kraft zeigt sich in deiner Schwäche.« Und nun bin ich zufrieden mit meiner Schwäche, damit die Kraft von Christus durch mich wirken kann. [...] Denn wenn ich schwach bin, bin ich stark.«

2. Korinther 12,9-10

Gott kann mit den gewöhnlichsten Menschen ganz Außergewöhnliches bewirken. Jede von uns hat gottgegebene Fähigkeiten, Ideen, Gedanken, Lösungswege und Masterpläne. Aber aus Angst entdecken viele ihre Begabungen und Talente nie.

Hast du dich schon einmal dabei erwischt, wie du dich aus etwas rausreden wolltest, bevor du es überhaupt ausprobiert hast? Häufig lassen wir zu, dass uns unsere Schwächen oder Ängste das Gefühl geben, dieses oder jenes nicht zu können und zu nichts nütze zu sein. Aber dann, wenn deine Schwäche dir im Weg steht, kommt Gottes Stärke zum Tragen. Lass dich nicht von neuen Dingen einschüchtern. Nutze sie. Geh der Herausforderung nicht aus dem Weg, sondern stell dich ihr! Unabhängig von deinen Begrenzungen kann Gott dich einsetzen, um an sein Ziel zu kommen. Auch in der Bibel lesen wir immer und immer wieder, wie Gott schwache Menschen gebraucht und dabei seine Stärke demonstriert.

Mose stotterte.
David brach die Ehe.
Jakob betrog.
Rahab war eine Prostituierte.
Abraham war sehr alt.
Sarah war zynisch.
Naaman hatte Aussatz.
Petrus handelte häufig impulsiv.
Matthäus hat angeblich das ein oder andere Mal in die Staatskasse gegriffen.

Maria war eine Teenie-Mutter.
Thomas zweifelte.
Martha und Maria waren ungeduldig.

Jeder einzelne von dieser Liste hatte ganz offensichtliche Schwächen und doch hat Gott sie alle gebraucht! Und nicht trotz dieser Schwächen, sondern gerade *deshalb*. Als dann das Wunder geschah, hatte niemand auch nur den geringsten Zweifel daran, dass es Gottes Kraft war, die da gewirkt hatte.

Wirst du Gott deine Schwäche geben, damit er seine wunderbare Stärke durch dich demonstrieren kann?

Mein Entschluss

Ich bin von Gott begabt, inspiriert und mit vielen Fähigkeiten ausgestattet! Deshalb öffne ich mich neuen Gedanken und Möglichkeiten, egal, wie herausfordernd sie scheinen. Denn selbst wenn ich versage, kann Gott dies gebrauchen, um seine Stärke zu offenbaren.

Großer Gott, du bist so wunderbar! Du übersiehst nichts und vergisst niemanden. Auch mich hast du begabt. Ich bringe meine Talente und Begabungen vor dich, auch die, die mir noch unbekannt sind, und bitte dich um Hilfe, damit ich sie voll und ganz entfalten und damit Gutes bewirken kann. In Jesu Namen, Amen.

Meine Möglichkeiten:

Wie ich meinen Alltag mit Jesus gestalte

Wenn LOB UND DANK *zu deinem* LEBENSSTIL *werden, erkennst du, wie gut* GOTT *zu dir ist.*

TAG 22

Beschenkt mit Gottes Liebe

**Mein Glaube ist fest
in der Liebe verwurzelt.**

Und ich bete, dass Christus durch den Glauben immer mehr in euren Herzen wohnt und ihr in der Liebe Gottes fest verwurzelt und gegründet seid.

Epheser 3,17

Freust du dich auch immer so über Geschenke? Wer tut das nicht! Ob sie in einer bunten Geschenktasche oder einer kleinen Samtbox überreicht werden – jeder freut sich, wenn er etwas geschenkt bekommt. Aber kennst du auch das Gefühl, ein Geschenk gar nicht verdient zu haben? Vielleicht sagst du dann so was wie: »Das hättest du nicht tun sollen! Das ist ein zu großes Geschenk. Wie viel kriegst du dafür?« Aber solche Reaktionen dämpfen die Freude des Schenkenden, denn Geschenke sind niemals verdient und werden auch nicht erarbeitet – sie sind Gesten der Liebe.

Genauso verhält es sich mit Jesu Tod am Kreuz: Das ist das größte Geschenk, das dir jemand machen konnte. In Epheser 2,8-9 steht: »Weil Gott so gnädig ist, hat er euch durch den Glauben gerettet. Und das ist nicht euer eigenes Verdienst; es ist ein Geschenk Gottes. Ihr werdet also nicht aufgrund eurer guten Taten gerettet, damit sich niemand etwas darauf einbilden kann.« Wie sehr wir uns auch bemühen, wir können nie gut genug sein, um uns Gottes Liebe zu erarbeiten. Aber weil Jesus den Preis für die Sünde am Kreuz bezahlt hat, bekommen wir nicht die Strafe, die wir verdient haben. Stattdessen bekommen wir, was Jesus verdient: Gottes Liebe, ohne Wenn und Aber.

Wie könnte eine angebrachte Reaktion darauf aussehen? Schon als Kind hast du ein Wort gelernt, das üblicherweise auf ein kleines oder großes Geschenk folgt: *Danke*. Der Dank ist immer die passende Antwort.

Wenn Lobpreis und Danksagung zu deinem Lebensstil werden, freust du dich selbst über die kleinsten Segnungen und erkennst, wie gut Gott zu dir ist.

Gib Gott alle Ehre, seine Liebe beschenkt dich täglich neu!

Mein Entschluss

Ich freue mich über Gottes Liebe und sehe sie nicht als selbstverständlich an. Mein Lebensstil soll von Dank geprägt sein, denn Gott ist der Ursprung allen Segens. Er freut sich über mich und dafür bin ich dankbar.

Lieber Vater, es ist zu mühsam zu versuchen, mir deine Liebe erarbeiten zu wollen. All meine Anstrengung ist vergebens. Stattdessen möchte ich ein dankbares Herz haben und mich von dir tragen lassen. Ich weiß, dass du mich hältst! In Jesu Namen, Amen.

TAG 23

Immer weitergehen

Nichts, was ich jemals getan habe oder tun könnte, wird Gottes Kraft in mir mindern können.

Da kamen einige Juden [...], steinigten Paulus und schleppten ihn vor die Stadt. Dort ließen sie ihn liegen, denn sie dachten, er sei tot. Doch als die Gläubigen ihn umringten, stand er auf und kehrte in die Stadt zurück.

Apostelgeschichte 14,19-20

Die erste Missionsreise von Paulus und Barnabas liest sich wie ein spannender Abenteuerroman: Herausforderungen, Wunder und außergewöhnliche Begegnungen. Kapitel vierzehn der Apostelgeschichte beginnt mit einer Szene, in der die Macht ihrer Worte dargestellt wird. »Paulus und Barnabas gingen gemeinsam in die Synagoge und predigten mit solcher Vollmacht, dass viele – Juden wie Nichtjuden – zum Glauben kamen« (Apostelgeschichte 14,1).

Der zweite Vers jedoch zeigt schon das erste Aber auf: »Die Juden, die Gottes Botschaft ablehnten, schürten jedoch unter den Nichtjuden Misstrauen gegen Paulus und Barnabas« (Apostelgeschichte 14,2). Manchmal scheinen die vielen Wenn und Aber in unserem Leben die gleiche Wirkung zu haben, wie wenn jemand den Stecker zieht oder den Ausschalter drückt. Sobald du ein Aber hörst, weißt du sofort, dass sich etwas Ungutes anbahnt. Du hast dein Studium geschafft, *aber* stehst nun vor einem riesigen Schuldenberg, dem Studienkredit. Dein Partner sagt, er liebt dich, *aber* er muss eure Beziehung noch einmal überdenken. Du bist mit deiner Arbeit glücklich, *aber* die Firma geht den Bach runter und du läufst Gefahr, entlassen zu werden.

Was also tust du, wenn die Aber des Lebens sich leise heranschleichen, dich unerwartet treffen und mit dir wie auf dem Bolzplatz umgehen? Lass dich von Gott wieder aufpäppeln und nutz diese Momente zu deinem Vorteil! Erinnere dich daran, dass du vielleicht am Boden liegst, aber noch nicht aus dem Spiel bist. Denk an eine Situation aus der Vergangenheit, in der Gott dir schon einmal auf die Beine geholfen hat. Denn was er damals getan hat, wird er wieder tun! Gott ermutigt gerne. Genau wie er Paulus die Kraft gegeben hat, wieder aufzustehen und weiterzumachen, wird er auch dir die Energie schenken, deine Herausforderungen erhobenen Hauptes anzugehen. Wenn das Leben dir einen Schlag unterhalb der Gürtellinie verpasst und du zu Boden sinkst, erinnere dich daran, dass du nicht liegen bleiben musst. Dank seiner Hilfe erhältst du neuen Mut und unerwartete Kraft. Nicht, weil du stark bist, sondern weil Gott es ist.

Mein Entschluss

Bei jedem Hindernis denke ich daran, dass ich mit Gottes Hilfe alle Hürden überwinden kann. Obwohl sie ein Rückschlag zu sein scheinen, sind sie möglicherweise auch der Startschuss für mein Comeback.

Himmlischer Vater, manchmal ist das Leben wirklich anstrengend. Das ständige Fallen und Wiederaufstehen ist mühsam und raubt mir die Kraft. Meine Knie sind blau und meine Ellbogen aufgeschürft. Und doch siehst du, wie ich mich abmühe und lässt mich nicht allein. Das gibt mir Zuversicht! Du wirst mir helfen, immer wieder einen Fuß vor den anderen zu setzen. Hab Dank dafür, deine Tochter.

TAG 24

Ein neues Denken

In allen Dingen orientiere ich mich an Jesus. Ich wäge gut ab und treffe vernünftige Entscheidungen.

Glücklich ist der Mensch, der [...] tut [...] den Willen des Herrn und denkt über sein Gesetz Tag und Nacht nach.

Psalm 1,1-2

In der Kirche, in der mein Vater Pastor war, gehörte es für viele Gemeindemitglieder dazu, während der Lobpreiszeit auch von persönlichen Erlebnissen mit Gott zu erzählen. Vor allen Anwesenden verkündeten sie, welche Siege Gott ihnen in den zurückliegenden Tagen geschenkt hatte. Eine Frau sagte einmal voller Überschwänglichkeit: »Jesus repariert kaputte Herzen und rückt die Gedanken wieder zurecht.« Kannst du dem zustimmen? Wenn du dein Leben ganz Gott übergibst, wird der Heilige Geist dein Denken überwachen und dich befähigen, gute Gedanken zu denken und dankbar zu sein. Wie du das erleben kannst? Indem du täglich übst, Gottes Gegenwart wahrzunehmen.

So wie man auch regelmäßig üben muss, wenn man ein Instrument erlernen will, brauchst du Übung, um dir Gottes Gegenwart bewusst zu machen. Am besten liest du dazu in seinem Wort. Wenn du viel Zeit damit verbringst, dir trübe Gedanken zu machen und alles Mögliche schwarz auszumalen, kannst du stattdessen auch genauso viel Zeit in Gottes Wort investieren und dich dabei von ermutigenden Gedanken leiten lassen.

Im Prinzip ist das ganz einfach: Lerne Gott besser kennen und lerne, ihn wahrzunehmen, indem du seine Verheißungen studierst. Die biblischen Grundsätze stehen dort, um angewandt zu werden. Daher lies sie. Studier sie. Lern sie auswendig und erinnere dich daran. Wenn du Gottes Wort durch regelmäßiges Meditieren in deinem Herzen trägst, erinnerst du dich daran, wie Gott wirklich ist. Wenn du in Schwierigkeiten steckst und Ermutigung brauchst, wird der Heilige Geist dir genau die richtigen Zusagen ins Gedächtnis rufen. Wenn ein schlechter Gedanke dort auftaucht, dann ruf dir stattdessen ein Versprechen Gottes in Erinnerung, das du dagegen setzt. Unabhängig davon, ob du gerade in einer Beziehungskrise steckst, vor einer persönlichen Herausforderung stehst, in der Alltagsroutine festhängst oder einfach eine Runde spazieren gehst – Gebet und Bibellesen helfen! Gottes Wort hält dich motiviert, dynamisch und produktiv.

Mein Entschluss

Bei Gott ist Frieden. Also fokussiere ich meine Gedanken auf Jesus und lebe so in wahrem Frieden. Ich stärke meinen Glauben, indem ich mich auf Gottes Wort konzentriere und mich dadurch daran erinnere, wie Gott wirklich ist.

Lieber Vater, um mich herum ist so viel Lärm. Negatives prasselt von allen Seiten auf mich ein und versucht, mir die innere Ruhe zu rauben, die du schenkst. Bitte gib mir die Kraft, trotz der vielen Stimmen auf deine friedensstiftenden Verheißungen zu hören. Mein gehetztes Tempo, mein unruhiges Herz, meine vorschnelle Zunge und meine überfüllten Gedanken gebe ich ab und tausche sie gegen deinen Frieden ein. In Jesu Namen, Amen.

TAG 25
Auf Jesus vertrauen

Ich vertraue auf Gott, egal, was kommt.

Vertraue von ganzem Herzen auf den Herrn und verlass dich nicht auf deinen Verstand. Denke an ihn, was immer du tust, dann wird er dir den richtigen Weg zeigen.

Sprüche 3,5-6

In meiner Freizeit spiele ich am liebsten Klavier und singe dabei Anbetungslieder. In den meisten dieser Lieder verarbeiten die Komponisten persönliche Erfahrungen. Das gilt zum Beispiel auch für den Choral »Tis so Sweet to Trust in Jesus« von Louisa Stead. Hinter diesem Songtext steckt folgende Geschichte:

Louisa, ihr Mann und ihre kleine Tochter picknickten am Strand auf Long Island, als sie plötzlich Hilfeschreie hörten. Ein kleiner Junge war im Wasser in Not geraten und Louisas Mann sprang ins Meer, um ihn zu retten. Tragischerweise ertranken beide – und Louisa und ihre Tochter konnten nichts weiter tun, als hilflos zuzusehen. Nach dem Tod ihres Mannes wurde es für die junge Mutter sehr schwierig, finanziell für ihre Tochter zu sorgen. Eines Tages aber fand sie vor ihrer Tür einen Korb voller Lebensmittel sowie einen Umschlag mit Geld darin. Kurz darauf schrieb Louisa diese Worte nieder:

> Selig ist's, dem Herrn vertrauen,
> sich verlassen auf Sein Wort;
> darauf kann man sicher bauen,
> denn er hält es immerfort.
>
> Jesus, Jesus, dir vertrau ich,
> Täuschung fand ich nie bei dir.
> Jesus, Jesus, teurer Jesus,
> dir vertrau ich, hilf du mir.[3]

Weißt du eigentlich, was das Wort *vertrauen* bedeutet? Der Duden definiert es als »sicher sein, dass man sich auf jemanden, etwas verlassen kann«[4]. Es gehört nicht zu Gottes Plan, dass wir uns um alles selbst kümmern. Im Gegenteil: Wir dürfen jede einzelne Sorge auf ihn abwälzen. Betest du für ein Wunder, das noch immer nicht eingetreten ist? Dann hab Vertrauen! Überlass Gott das letzte Wort über die Situation. Gott ist mit dir, wie stürmisch es auch wird. Er ist bei dir, um dir Kraft zu geben. Er ist unter dir und stützt dich. Er ist um dich herum, um dich zu beschützen. Er geht vor dir her und bringt dich sicher ans Ziel. Wenn du deine Umstände aus dieser Perspektive betrachtest, ist es leichter, dich auf Gott zu verlassen und das Beste zu hoffen.

Mein Entschluss

Ich möchte mein Vertrauen voll und ganz auf Gott setzen. Mit ihm kann ich alles schaffen! Wenn ich auf Gott baue, werde ich nicht verlieren.

Lieber Vater, ich gebe zu, dass ich oft nicht sehe, wo es langgeht. Ich weiß nicht einmal, wie der nächste Schritt aussieht – du aber kennst den Weg. Bitte nimm mich an die Hand und führe mich. Danke, mein Gott, dass du immer bei mir bist! In Jesu Namen, Amen.

Es gehört nicht zu GOTTES PLAN, dass wir uns um ALLES *selbst* KÜMMERN. Im Gegenteil: Wir dürfen jede einzelne SORGE AUF IHN abwälzen.

TAG 26
Leben, und zwar hier und jetzt

Nichts auf dieser Welt kann mich von Gottes Liebe trennen.

Ich bin überzeugt: Nichts kann uns von seiner Liebe trennen. Weder Tod noch Leben, weder Engel noch Mächte, weder unsere Ängste in der Gegenwart noch unsere Sorgen um die Zukunft, ja nicht einmal die Mächte der Hölle können uns von der Liebe Gottes trennen. Und wären wir hoch über dem Himmel oder befänden uns in den tiefsten Tiefen des Ozeans, nichts und niemand in der ganzen Schöpfung kann uns von der Liebe Gottes trennen, die in Christus Jesus, unserem Herrn, erschienen ist.

Römer 8,38-39

Jede von uns kennt das Gefühl, abgelehnt zu werden. Vielleicht haben dich in der Schule die anderen Mädchen geärgert. Vielleicht wurdest du wegen deiner Hautfarbe zur Außenseiterin. Vielleicht hat dich dein Freund oder Ehemann verlassen. Ablehnung hinterlässt immer eine tiefe Wunde und macht unser Herz für negative Gefühle der Leere, Isolation und Bedeutungslosigkeit empfänglich. Um diese Emotionen unter die Füße zu bekommen, grübeln wir dann häufig darüber nach, wie die Dinge sein sollten und sein könnten. Doch damit landen wir nur im Teufelskreis negativer Gedanken.

Ich möchte dir sagen: Es gibt jemanden, der dich niemals ablehnen oder verlassen wird! Sein Name ist Jesus. Von ihm wirst du nie ausgegrenzt. Im Gegenteil: Er hat sich auf den Weg gemacht, sich um die Verlorenen, Einsamen, Kranken und Verletzten zu kümmern und er wird auch dich suchen, um dir zu helfen. Ganz egal, an welchem Punkt du gerade bist oder wie lange du dich schon so fühlst: Seine Liebe reicht bis an den Grund deiner Verzweiflung und holt dich dort heraus.

Sich mit alten Fehlern aufzuhalten, endet immer damit, viel zu bedauern. Sich ständig Sorgen um die Zukunft zu machen, raubt einem die Freude. Viel über das nachzugrübeln, was hätte sein können oder hätte anders sein sollen, ist Zeitverschwendung und lähmt einen bloß. Damit bleibt man ohne Aussicht auf eine Lösung mitten im Nirgendwo seiner Gedanken stecken. Daher leb nicht irgendwo oder irgendwie, leb im Hier und Jetzt! Und mit der Gewissheit, dass du von Gott akzeptiert und geliebt bist.

Mein Entschluss

Ich halte entschlossen daran fest, eine geliebte Tochter Gottes zu sein. Durch Jesus habe ich eine Beziehung zu meinem himmlischen Vater und ich vertraue darauf, dass mich absolut gar nichts von seiner Liebe trennen kann.

Himmlischer Vater, danke für deine unendliche und bedingungslose Liebe. Schon bevor ich erschaffen wurde, hast du mich geliebt und mich »dein« genannt. Weil Jesus für mich gestorben ist, muss ich mich nie wieder in meiner Hoffnungslosigkeit oder in meinen Sorgen verlieren. Stattdessen darf ich in deine Gegenwart kommen und auf dich bauen. Nichts kann sich jemals zwischen uns stellen, das macht mich unglaublich froh! Danke dafür. In Jesu Namen, Amen.

Als TOCHTER
des Allerhöchsten
setze ich meine HOFFNUNG
nicht auf eine vage Chance
oder das Schicksal.
MEINE HOFFNUNG
ruht sicher und fest
AUF GOTT.

TAG 27

Halte an deiner Hoffnung fest

**Ich warte gebannt darauf,
dass Jesus wiederkommt.**

Vertraue auf den Herrn. Sei mutig und tapfer und hoffe geduldig auf den Herrn!

Psalm 27,4

Hast du gedanklich auch schon mal in einem tiefen, schwarzen Loch gesteckt? Kennst du die Falle der Verzweiflung, Einsamkeit und Depression? Vielleicht kannst du dich dann mit einigem von dem identifizieren, was Josef erlebt hat. Seine wundersame Geschichte beginnt in 1. Mose 37. Er wurde von seinen Brüdern betrogen, von Sklavenhändlern in ein gottloses Land verschleppt und schließlich als Sklave an Potifar, einen ägyptischen Beamten des Pharaos, verkauft. Dann wurde er einer Straftat beschuldigt, die er nicht begangen hatte, und saß dafür einige Jahre im Gefängnis. Josephs traurige Geschichte erfüllt alle Kriterien für einen guten Country-Schlager, eine Realityshow oder einen klischeehaften Schundroman. So vieles lief bei Josef schief! Und doch hat Gott ihn nie verlassen.

Hoffnung ist keine Glückssache, keine Frage des positiven Denkens und auch nichts, was einem eine Sternschnuppe schenkt. Die Hoffnung, von der die Bibel spricht, greift viel weiter. Auf Gott hoffen meint, zuversichtlich etwas Gutes zu erwarten, weil der liebende Charakter unseres Vaters und die Treue seiner Verheißungen uns dazu guten Grund geben. Hoffen bedeutet, darauf zu vertrauen, dass Gott einen glücklichen Ausgang schenken wird. Wenn du dich auf Gott verlässt, kannst du dich selbst als gesegnet ansehen, auch wenn die Miete vielleicht noch nicht bezahlt ist. Wenn du auf Gott vertraust, weißt du, dass du gerettet bist, auch wenn die Ärzte nichts mehr für dich tun können. Weil du deine Hoffnung auf Gott setzt, kannst du dir ausmalen, wie sich alles irgendwie klären wird – selbst wenn du arbeitslos bist und dein Konto bereits überzogen ist. Als Tochter des Allerhöchsten setzt du deine Hoffnung nicht auf irgendeine vage Chance oder das Schicksal. Deine Hoffnung ruht sicher und fest auf Gott.

Wenn man die vielen Negativschlagzeilen in den Tagesnachrichten liest, kann man leicht Angst bekommen. Es gibt so viele Dinge, die einen runterziehen können. Aber die Bibel zeigt uns, dass wir in genau solchen Momenten den Kopf nicht hängen lassen sollen. Hilfe ist schon unterwegs! Hör auf, deine Probleme herauszuschreien und deinen Lobpreis nur zu flüstern. Setz deine Hoffnung auf Gott!

Mein Entschluss

Durch meinen Glauben habe ich Hoffnung. Glaube kann es gar nicht ohne Hoffnung geben. Deshalb entscheide ich mich, zu vertrauen. Ich bin zuversichtlich, dass meine besten Tage erst noch kommen!

Lieber Vater, du weißt genau, was ich brauche. Füll mein Herz mit lebendiger Hoffnung und endloser Freude und lass sie in all meine Lebensbereiche überfließen. Trotz der Probleme in dieser Welt möchte ich stets das Beste hoffen. Meine Zuversicht liegt in dir, mein Gott! In Jesu Namen, Amen.

TAG 28

Gott kennt dich

An jenem großen Tag wird er mich bei meinem Namen rufen.

Wie kostbar sind deine Gedanken über mich, Gott! Es sind unendlich viele. Wollte ich zählen, so sind sie zahlreicher als Sand! Und wenn ich am Morgen erwache, bin ich immer noch bei dir!

Psalm 139,17-18

Jede von uns trägt eine Menge unbeantworteter Fragen mit sich herum, die Gott und die Welt betreffen. Aber das ist kein Grund, den Mut zu verlieren! Gott selbst kennt all die Antworten, so wie er auch dich kennt. Daher lautet die einzig wichtige Frage: Kannst du dich mit dem zufrieden geben, was du weißt, und bei den Dingen, die du nicht verstehst, Gott vertrauen?

Vielleicht hast du Fragen zu Themen, die du gar nicht beeinflussen kannst. Wenn das so ist, dann würde ich dir gerne das empfehlen, was mir diesbezüglich inneren Frieden gegeben hat:

Mache dir zunächst einmal klar, dass Gott sich um deine Anliegen kümmert. Wenn du ein konkretes Anliegen hast, dann sag es ihm. Wenn Gottes Antwort nicht wie erwartet ausfällt, dann denk daran, dass er den Überblick hat – nicht du. Es könnte einfach ein schlechter Zeitpunkt sein oder du bist noch nicht so weit. Vielleicht ist auch die Situation schlicht zu komplex, um es als Mensch begreifen zu können. Was auch immer der Grund sein mag: Gott weiß am besten, was du brauchst. Er kennt dein Herz.

Achte auch einmal bewusst auf die Formulierungen deiner Gebete. Anstatt zum Beispiel »Warum ich? Warum jetzt? Warum das?« zu fragen, werde lieber konkreter: »Wie kann ich diese Situation nutzen, um dir Ehre zu bringen? Wie kann ich hierdurch anderen Menschen helfen? Was ist es, Herr, dass ich aus dieser Situation lernen kann?« Ärgere dich nicht über das, was du nicht verstehst. Versuch, Zufriedenheit in dem zu finden, was du verstehst und weißt.

Es gibt so vieles, was ich an Gott nicht verstehe. Aber gleichzeitig bin ich sehr überzeugt von dem, was ich weiß. Deshalb habe ich das Lied »This I know for sure« (Dt.: Das weiß ich genau; Anm.d.Übers.) geschrieben:

> Da ist ein Gott im Himmel
> und ich gehöre zu seinem Plan.
> Mein Leben ist sicher in seiner Hand,
> er lässt mich nicht fallen, niemals.
> In seiner endlosen Liebe weist er mir den Weg,
> bis er selbst eines Tages wiederkehrt.
> Das weiß ich, das weiß ich ganz genau.

Wenn du Gott dein Leben übergibst, wird nichts zwischen dich und seinen Plan für dein Leben kommen. Weder Menschen, noch anderes, nicht einmal der Teufel selbst kann Gott davon abhalten, sein Vorhaben durchzusetzen. Und wenn du Jesus kennst, den Einen, der dir dieses und viele weitere Versprechen gegeben hat, weißt du bereits alles, was du wirklich wissen musst.

Mein Entschluss

Weil Gott nicht nur allwissend, sondern auch allmächtig ist, möchte ich ihm meine Zukunft anvertrauen. Es gibt keinen Grund, mich vor irgendetwas zu fürchten – Gott ist immer bei mir.

Lieber Vater, du kennst meine Fragen schon, bevor sie sich mir überhaupt stellen. Ich möchte sie und all meine Bedenken bei dir abladen, denn bei dir finde ich Ruhe. Bitte schenk mir Frieden, gerade dann, wenn ich mich in meinen Sorgen verliere. In Jesu Namen, Amen.

TAG 29
Die passende Kleidung

Mit lauter Stimme singe ich:
»Halleluja! Gepriesen sei der Herr,
heute, gestern und für immer.«

Er hat mich gesandt, um es den Trauernden zu ermöglichen, dass ihnen ein Kopfschmuck anstelle von Asche, Freudenöl anstelle von Trauerkleidern, und Lobgesang anstelle eines betrübten Geistes gegeben werde; und dass man sie »Eichen der Gerechtigkeit« und »Pflanzung zur Verherrlichung des Herrn« nennen kann.

Jesaja 61,3

Zu meinen Dauergebeten gehört die Bitte, dass Gott mich gebraucht, wo immer und wann immer er will – sowohl auf der Bühne als auch sonst. Eines Tages hat er mich diesbezüglich sehr ernst genommen: Ich saß beim Frauenarzt und wartete darauf, dass eine Mammographie gemacht wurde. Man hatte mir gerade den Papierumhang umgelegt, als es leise an der Tür klopfte. Eine Arzthelferin lugte durch den Türspalt und fragte: »Sie sind doch Babbie Mason, oder? Ich wusste es! Ich habe Sie letztens auf der ›Women of Faith Conference‹ gesehen. Würde es Ihnen etwas ausmachen, meinen Lieblingssong ›Amazing Grace‹ zu singen? Genau so, wie Sie ihn in der Gemeinde Ihres Vaters vortragen würden?«

Und noch bevor ich antworten konnte, winkte sie bereits andere Mitarbeiterinnen in den Raum. Schnell versuchte ich meine Überraschung zu überwinden und zog hilfesuchend den Umhang enger, bis er fast riss. Dann gab ich ein Konzert – das beste meines Lebens. Mitten in einem Untersuchungsraum voller Arzthelferinnen, Krankenschwestern – und Gott weiß, wem noch – sang ich mir die Seele aus dem Leib: »O Wunder der Barmherzigkeit, du Licht in dunkler Nacht.«[5]

Ein Untersuchungsraum wurde kurzerhand zu einem heiligen Ort, ein Papierumhang zu einer Chorrobe und Unbekannte zu Geschwistern und Glaubensgenossen, während ich Gott anbetete und diese Frauen ermutigte.

Spürst du, wie heute etwas Schweres auf dir lastet? Dann leg den schweren Mantel ab und tausch ihn gegen ein paar neue Kleider ein! Wirf dich in Schale, sodass dein königliches Erbe unverkennbar sichtbar wird. Wenn du dich in Anbetung kleidest, ist das das Schönste, was du als Königstochter tragen kannst.

Mein Entschluss

Ich glaube daran, dass das Leben wie eine wohltuende, schöne Reise ist. Deshalb werde ich feiern! Und weil Gott mich liebt, ist meine Grundeinstellung Dankbarkeit. Ich beginne jeden Tag mit positiven Gedanken. Jeder, der mir heute begegnet, soll meine Begeisterung für Gott sofort erkennen.

Himmlischer Vater, nichts und niemand ist so gut und großzügig wie du. Deine Freundlichkeit und deine Gnade sind unbeschreiblich. Mir fehlen die Worte, um dir zu sagen, wie viel du mir bedeutest. Daher möchte ich dir meinen Dank und meine Liebe durch mein Leben ausdrücken. Ich bin einfach so froh, dass ich deine Tochter bin, eine Tochter des Allerhöchsten! In Jesu Namen, Amen.

Es ist deine BERUFUNG, GOTTES LIEBE *in all ihrer Schönheit* AUSZUSTRAHLEN, *solange du lebst.*

TAG 30
Flatternde Farben

Sein Banner der Liebe hängt über mir.

Er hat mich ins Weinhaus geführt, das mit einem Banner der Liebe geschmückt ist.

Hoheslied 2,4

Schon seit Jahrhunderten werden Fahnen und Banner zum Zeichen von Stolz und Patriotismus gehisst. An Regierungsgebäuden und Schlössern, auf Schiffen und Kirchen sehen wir sie: schöne Farben, landestypische Blumen, Vögel und Wappen. Weißt du, welche Fahne für Gottes Königreich steht? Die Fahne der Liebe. Liebe steht als Schriftzug auf dem Banner, das über dir aufgespannt ist. Diese Liebe steht für einen unsterblichen König und ein unzerstörbares Königreich unter der Herrschaft Jesu Christi. Und dieses Banner hängt über dir, weil der König in dir wohnt!

Deine Beziehung zu Gott ist lebendig und dynamisch. Doch damit das auch so bleibt, musst du sie pflegen und gesund halten. Lass nicht zu, dass Ärger, Groll, Neid oder Bitterkeit eure Beziehung verderben und Gottes Liebe in deinem Leben verdrängen. Wenn du dich stattdessen darin übst, Gott und Menschen nichts nachzutragen und Dinge schnell zu bereinigen, wird dadurch seine Liebe zu dem einen Merkmal werden, das andere an dir sehen und schätzen. Solange du lebst, ist es deine Berufung, Gottes Liebe in all ihrer Schönheit auszustrahlen.

Wie also kannst du diese Liebe und Gottes Reich hier auf Erden am besten repräsentieren? Halte dir zuallererst Gottes Verheißungen vor Augen. Lerne sie auswendig. Denn wenn du dich an seine Worte erinnerst, wird dich das befähigen, seine Liebe weiterzugeben. Es lohnt sich, diese geistliche Übung täglich zu trainieren, auch dann, wenn du dieses Buch schon längst durchgelesen hast.

Halte immer Kontakt zu anderen Christen. Triff dich regelmäßig mit denen, die Jesus nachfolgen, zum Austausch. So kannst du verhindern, dass dein Glaube nur auf Sparflamme läuft, weil du ermutigt wirst. Und als Letztes: Konzentriere dich auf Gottes Plan für dein Leben. Nutze deine gottgegebenen Fähigkeiten und setze sie für ihn und sein Reich ein. Du wurdest nicht erschaffen, um deine Zeit auf der Erde bloß abzusitzen – du sollst bunte Spuren der Liebe hinterlassen!

Mein Entschluss

Ich werde heute proaktiv Gottes Liebe weitergeben, damit allen klar wird, wem meine Treue gilt. Ich stehe nicht nur auf seiner Seite, ich bin eine Königstochter und eine königliche Bürgerin seines Reichs. Nichts und niemand auf dieser Welt ist mir so wichtig wie Gott.

Lieber Vater, dankbar nehme ich die Einladung an deinen Tisch an. Wie könnte ich so ein großartiges Vorrecht auch ablehnen? Ich sage Ja zu dir zu und möchte allen zeigen, dass mein Herz dir gehört. Dir allein. Du bist mein König, mein Herr, mein Ein und Alles. In Jesu Namen, Amen.

Anmerkungen

1 Definitionen von »sehr« nach Duden online: http://www.duden.de/rechtschreibung/sehr (zuletzt aufgerufen am 16.08.2017).

2 Maier, Katharina: Die besten Lebensweisheiten der Welt. Eine sorgsame Auswahl der berühmtesten Sentenzen, Marxisverlag, 4. Auflage, Wiesbaden 2013.

3 Originaltitel: Tis So Sweet the Sound, Text: Louisa M. R. Stead, Dt. Text: C. A. Daniel. Entnommen aus: http://library.timelesstruths.org/music/Tis_So_Sweet_to_Trust_in_Jesus@de.pdf (zuletzt aufgerufen am 16.08.2017).

4 Definitionen von »vertrauen« nach Duden online: http://www.duden.de/suchen/dudenonline/vertrauen (zuletzt aufgerufen am 16.08.2017).

5 Originaltitel: Amazing Grace, Text: John Newton (1799), Dt. Titel: O Wunder der Barmherzigkeit, Text: Klaus Haacker, aus Feiert Jesus! 3, SCM Hänssler, Holzgerlingen 2002.

Sheri Rose Shepherd

Ich werde dich immer lieben
Herzensgespräche mit dem Liebhaber deiner Seele

Der Himmel hat Herzklopfen. Ihretwegen.

Weil Gott sich nach einer Beziehung voller Hingabe, Leidenschaft und Sanftheit mit Ihnen sehnt! Zu atemberaubend, um wahr zu sein? Dann tauchen Sie in das romantische Zwiegespräch mit dem Liebhaber Ihrer Seele ein, das die Autorin vor Ihnen entfaltet: In 50 Briefen Gottes, die sich an biblischen Aussagen orientieren, offenbart sich seine tiefe Liebe für Sie persönlich – mit sich jeweils anschließenden Gebeten, in denen Sie auf seine Liebe reagieren können.

Herzensworte des Himmels. Für Sie. Für immer und ewig.

**Gebunden, 11,3 x 15,6 cm, 208 S.
ISBN 978-3-417-26799-0**